I0013468

Biblioteca CCNA®

Apunte rápido ICND2

ICDN2 200-105

Versión 6.2

Oscar Antonio Gerometta

www.edubooks.com.ar

Al adquirir este libro usted ha reconocido el esfuerzo y trabajo del autor y el equipo de correctores, editores, ilustradores y demás personas que han trabajado en esta obra. Con esto hace posible que la tarea de desarrollo de nuevos materiales de estudio continúe.

Cuando un libro se copia o se distribuye de modo no autorizado, quien lo hace se apropia indebidamente del trabajo de otros y limita los recursos que se podrán destinar a continuar la tarea.

A todos aquellos alumnos que confiaron y confían
en mis manuales
para preparar su examen de certificación.
A quienes desde hacen años utilizan las diferentes versiones
que ha tenido este texto y han contribuido a su evolución.
A todos los que contribuyen permanentemente
al crecimiento de la comunidad CCNA.

Contenidos

Introducción

Las certificaciones respaldadas por diferentes actores de la industria de las TICs se han convertido en un elemento de referencia esencial en cuanto a los conocimientos y habilidades de quienes han de desempeñarse en tareas técnicas y gerenciales de las áreas de comunicaciones, tecnología, redes y sistemas.

Ahora bien, ¿Qué es una certificación?

Una certificación o calificación es una designación obtenida por una persona como resultado de un proceso pre-definido, generalmente un examen. La certificación puede ser utilizada como sinónimo de licencia, pero la licencia aplica solamente a personas y es exigida por la ley para desempeñar algunas tareas, mientras que la certificación es en términos generales, voluntaria.

La certificación de una persona indica que ese individuo tiene determinados conocimientos, destrezas o habilidades específicas de acuerdo al cuerpo de certificaciones de que se trate. Pero también algo más importante, la disposición personal a someterse a evaluaciones para demostrar y compartir sus conocimientos y habilidades; y por sobre todo la capacidad y aptitud necesaria para desarrollar un esfuerzo sistemático y prolongado con el objetivo de alcanzar un propósito concreto.

Si está leyendo este libro es quizás porque su objetivo sea presentar el examen de certificación ICND2 para conseguir la certificación CCNA Routing and Switching.

En el universo de certificaciones actualmente disponibles, las elaboradas por Cisco Systems ocupan un lugar privilegiado. Y si bien el Cisco Career Certification se ha convertido en una maraña compleja de certificaciones y especializaciones, la certificación CCNA R&S sigue siendo la más conocida y en términos generales la puerta de acceso para la mayoría de los técnicos que aspiran a integrarse al universo Cisco.

La preparación de este examen de certificación constituye un verdadero desafío para muchos ya que se implementa una metodología propia y cuya primera aproximación ha sido la presentación del examen ICND1. Por este motivo se requieren elementos de ayuda que acompañen el proceso de estudio y preparación y que despejen en buena medida las incógnitas que el examen mismo plantea.

Entre estas herramientas de estudio tienen un lugar muy importante las guías de preparación para el examen, y en este sentido recomiendo encarecidamente mi Guía de Preparación para el Examen de Certificación CCNA R&S v6.2, de próxima aparición. El libro que usted está leyendo ahora no es propiamente una guía de preparación para el examen. Es una síntesis que desarrolla de modo íntegro el temario teórico del examen y que ha sido especialmente preparada para quienes están estudiando y necesitan hacer un repaso o están preparando su examen de certificación. Puede ser también una guía de consulta cuando es necesario de modo rápido y claro encontrar información específica, el desarrollo de un comando, una clasificación.

Es por esto importante hacer una advertencia: esta no es propiamente una guía de estudio completa para el examen ICND2 o de CCNA R&S, su propósito es más humilde. Es un desarrollo del temario íntegro que es necesario estudiar y por eso permite tener una visión completa y sintética del examen. En una guía de estudio Usted encontrará una colección de herramientas que no están presentes en este manual.

Sin embargo, este "Apunte" tiene una indudable utilidad comprobada a través de más de 17 años de trabajo acompañando la preparación de numerosos técnicos Cisco ya certificados. Tiene varios precedentes que pueden ser encontrados en Internet con el nombre de "Fast Track CCNA" o "Fast Note CCNA".

En este caso, el Apunte Rápido ICND2 es el fruto de la solicitud e insistencia de muchos de aquellos que utilizan estos manuales para su preparación. Hace tiempo que publico versiones actualizadas del Apunte Rápido CCNA R&S, hace unos años introduje el Apunte Rápido CCENT para quienes presentan el examen ICND1, ahora este Apunte Rápido ICND2 viene a dar respuesta a quienes optan por el camino de 2 exámenes para obtener la certificación y les estaba faltando esta herramienta específica.

¿Qué aporta esta primera versión del Apunte Rápido ICND2?

Es un texto ajustado al temario oficial del examen ICND2 200-105, pero considerando que quienes lo presentan están desarrollando "la segunda parte" de un camino que lleva a la certificación CCNA R&S. Por lo tanto y considerando que la preparación requiere repasar lo ya estudiado para el examen ICND1 e incorporar los nuevos conocimientos; el desarrollo del manual considera, en cada uno de los 7 ejes temáticos que diseñé para la certificación, un repaso del temario del examen ICND1 (100-105) antes de abordar explícitamente el temario del examen ICND2 200-105.

Es mi sincero deseo que sea una ayuda eficaz para todos aquellos que aspiran a obtener su certificación o están preparando su recertificación. Por este motivo, cualquier comentario, sugerencia o aporte que pueda hacer será de gran importancia para enriquecer las publicaciones sucesivas.

Además, y teniendo en cuenta que el examen de certificación es una realidad cambiante, desde el blog "Mis Libros de Networking" me ocuparé de brindar como desde ya muchos años información sobre cualquier novedad que surja respecto del examen.

Para mantener actualizados estos materiales:
Blog "Mis Libros de Networking":
http://librosnetworking.blogspot.com y las redes sociales asociadas el blog.
Correo electrónico: libros.networking@gmail.com
Con gusto recibiré su comentario en cualquiera de estas dos herramientas de trabajo.

El Autor

Oscar Antonio Gerometta es CCNA R&S / CCNA Sec / CCNA Wi / CCDA / CCSI / CCBF / CCBVP.

Con una larga trayectoria docente en esta área, ha sido el primer Cisco Certified Academy Instructor (CCAI) de la Región y responsable durante varios años de la Capacitación de la comunidad de Instructores CCNA de Cisco Networking Academy en Argentina, Bolivia, Paraguay y Uruguay.

Ha liderado numerosos proyectos e iniciativas como desarrollador de e-learning. Ha sido miembro del Curriculum Review Board de Cisco Networking Academy. Ha recibido en 2 oportunidades el reconocimiento formal de Cisco Systems por la calidad de sus entrenamientos, una vez en el área técnica y otra en el área de negocios.

Desde el año 2000 brinda cursos de apoyo especialmente diseñados por él para quienes se preparan a rendir su examen de certificación CCNA, CCNA Sec, CCNA Wi, CCDA o CCNP, logrando entre sus alumnos un nivel de aprobación superior al 95%.

Es el autor de varios manuales en el área de networking entre ellos la Guía de Preparación para el Examen de Certificación CCNA R&S®, el Apunte Rápido ROUTE® y muchos otros publicados por EduBooks.

1. La certificación CCNA R&S

La certificación CCNA R&S (a la que popularmente se denomina CCNA a secas) es quizás la más difundida en la industria de las comunicaciones.

Lanzada inicialmente por Cisco Systems en el año 1998, ha conocido desde entonces una constante evolución:

- 1998
  Se lanzó la certificación con el examen CCNA 640-407.
  En ese momento el entrenamiento de CLP tenía una duración de 40 hs. y la certificación se obtenía con un único examen.

- 2000
  Se actualizó con la introducción del examen 640-507.

- 2001
  Se realizó una nueva actualización con el examen 640-607.

- 2003
  Se presentó el examen 640-801.
  El temario del examen sufrió en ese momento un incremento importante y se introdujeron para eso 2 entrenamientos oficiales en los CLP: INTRO e ICND; con lo que se sugerían 80 horas de entrenamiento en total.
  Paralelamente se introdujo la posibilidad de obtener la certificación presentando 2 exámenes: INTRO + ICND, o un único examen.

- 2007
  Se presentó el examen 640-802.
  Se modificaron los entrenamientos de CLP que pasaron a llamarse a partir de este momento ICND1 v1 e ICND2 v1.
  Se introdujo en ese momento la certificación CCENT que puede obtenerse desde entonces de modo temprano presentando el examen ICND1.
  Se mantuvo igualmente la posibilidad de obtener la certificación presentando 2 exámenes (ICND1 e ICND2) o un único examen.

- 2013
  Examen 200-120.
  Fue el período más largo de tiempo sin actualizaciones.
  Los entrenamientos de CLP fueron actualizados a ICND1 v2 e ICND2 v2, manteniendo un total de 80 hs.
  Paralelamente sigue siendo posible obtener la certificación presentando 2 exámenes o uno solo.

- 2016
  Examen 200-125.
  Se realizó una revisión del temario pero manteniendo la estructura precedente aunque con una renovación significativa de los contenidos.

Para obtener actualmente la certificación CCNA R&S hay entonces dos caminos posibles:

- Aprobando un único examen de certificación conocido en algunos ambientes como "Composite": 200-125 CCNA
- Aprobando 2 exámenes independientes:
  100-105 ICND1, que otorga la certificación CCENT.
  200-105 ICND2, que completa el requerimiento para obtener la certificación CCNA R&S.

En ambos casos la certificación obtenida es siempre la misma: Cisco Certified Network Associate Routing & Switching, e incluye la certificación CCENT (Cisco Certified Entry Networking Technician) que es el pre-requisito para otros trayectos de certificación como wireless, diseño o seguridad. El camino elegido no cambia en nada las certificaciones obtenidas.

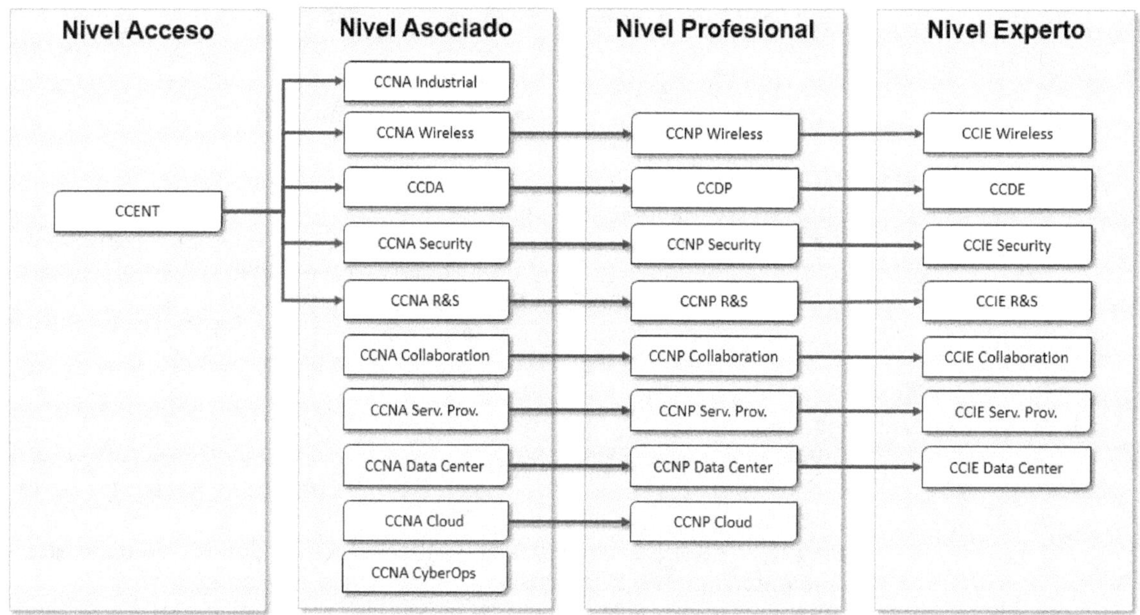

Respecto de CCNA R&S la diferencia más notable entre ambos caminos o trayectos es que en el primer caso se evalúan en conjunto todos los objetivos de la certificación, mientras que cuando se opta por realizar dos exámenes separados, estos objetivos se encuentran distribuidos entre las dos evaluaciones. En ambos casos se recibe también la certificación intermedia CCENT.

CCENT no es condición necesaria para acceder a CCNA R&S. Es posible rendir directamente el examen de certificación CCNA.
Si es pre-requisito obligatorio para otras certificaciones de nivel Asociado como CCNA Security, CCNA Wireless, CCNA Voice y CCDA.

Para obtener información oficial respecto de la certificación Cisco Certified Network Associate, visite el sitio oficial de Cisco:
http://www.cisco.com/go/certifications

Recertificación

Cisco Systems tiene una política de recertificación para cada una de sus certificaciones, lo que asegura el nivel de actualización de los técnicos certificados y la necesaria adecuación de los perfiles técnicos a las características cambiantes de las diferentes tecnologías de comunicaciones que se despliegan.

En el caso particular de CCNA R&S, Cisco otorga a la certificación una validez de 3 años, por lo que si se desea mantener el nivel adquirido es preciso recertificar antes de que se cumpla ese período de validez de 3 años.

La recertificación de CCNA R&S se puede obtener por cualquiera de los siguientes caminos:

- Aprobar cualquier examen de nivel asociado (CCNA Wi, CCNA Sec, etc.), excepto ICND1.
- Aprobar cualquiera de los exámenes de las series 642 o 300. Estos exámenes son los que corresponden al nivel Professional (CCNP).
- Aprobar cualquiera de los exámenes de especialización de la serie 642 (Cisco Specialist).
- Aprobar un examen escrito de nivel Expert (CCIE o CCDE).
- Aprobar la entrevista y el board review de CCAr (Cisco Certified Architect).

Hay que tener en cuenta que al obtener una certificación de nivel superior, mientras se mantenga actualizada esa certificación permanece actualizada la certificación CCNA R&S. En caso de que la certificación de nivel superior caduque, por cualquier motivo, de modo conjunto caduca la certificación CCNA R&S que se encontraba asociada, a menos que se recertifique por otro medio.

1.1. Las Características del Examen de Certificación

Como ya mencioné, la certificación CCNA R&S se puede obtener siguiendo 2 caminos diferentes pero igualmente válidos:

- Aprobando el examen de certificación 200-125 CCNA
- Aprobando 2 exámenes independientes:
  100-105 ICND1
  200-105 ICND2

Cuando la opción personal es lograr la certificación presentando 2 exámenes independientes hay que tener en cuenta que Cisco no establece ningún orden obligatorio para rendir ambos exámenes, aunque la lógica indica que en un proceso de adquisición sistemática de conocimientos lo ordenado sería aprobar en primera instancia el examen ICND1 y luego el ICND2.

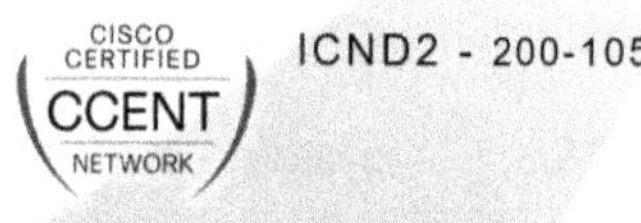

Rendir dos exámenes en lugar de uno es más costoso pero hay que considerar que es más fácil aprobar dos exámenes más pequeños que uno solo más extenso. Sobre todo si no se tiene experiencia previa o no se ha cursado en una Academia o un Cisco Learning Partner.
Es una elección personal.

Veamos en qué consiste cada uno de estos exámenes.

100-105 ICND1 Interconnecting Cisco Networking Devices Part 1

- Certificación para la que acredita: CCENT.
- Duración: 90 minutos.
- Cantidad de pregunta: 45 a 55.
- Idiomas en que se encuentra disponible: inglés y japonés.
  El sistema le asigna 30 minutos adicionales (un total de 120 minutos), por realizarlo en una lengua no materna.
- Tópicos que considera el examen:
  - Fundamentos de redes – 20% de la carga del examen.
  - Fundamentos de conmutación LAN – 26% de la carga del examen.
  - Fundamentos de enrutamiento – 25% de la carga del examen.
  - Servicios de infraestructura – 15% de la carga del examen.

- Mantenimiento de la infraestructura – 14% de la carga del examen.

Para la preparación de este examen de certificación y publicado el Apunte Rápido CCENT versión 6.1 y la Guía de Laboratorios CCENT versión 6.1 publicados por Ediciones EduBooks.

200-105 ICND2 Interconnecting Cisco Networking Devices Part 2

- Certificación para la que acredita: CCNA R&S.

- Duración: 90 minutos.
  Si toma este examen en inglés en países de lengua hispana, se otorgan 30 minutos adicionales para compensar el hecho de realizarlo en lengua no materna.

Cuando usted se acredite para rendir el examen de certificación, recibirá un correo electrónico de confirmación en el que, entre otras cosas se le informa que usted cuenta con 140 minutos para completar el examen: 20 minutos para el tutorial previo y 120 (90+30) para el examen.

No se confunda, el tiempo no es acumulativo. Aunque usted utilice menos de 20 minutos para el tutorial, siempre tendrá los mismos 120 minutos para completar el examen.

- Cantidad de preguntas: ente 45 y 55.
  Las preguntas son seleccionadas al azar a partir de una base de datos organizada según siete áreas definidas en los objetivos del examen. El volumen total de la base de datos es desconocido, pero es importante tener en cuenta que las preguntas se renuevan periódicamente.
  Para ser claros, si bien los objetivos y contenidos del examen no se modifican, la base de preguntas es renovada periódicamente.
  Otro concepto importante a tener presente es que el conjunto de preguntas que componen el examen NO varía de acuerdo a las respuestas (lo que algunos denominan examen adaptativo), sino que las preguntas del examen están completamente definidas al momento de iniciarlo y no dependen de las respuestas que se suministran.

- Idiomas en que se encuentra disponible: inglés y japonés.
  Al momento de redactar esta versión del Apunte Rápido ICND2 no se ha anunciado una versión en español y no hay indicios de la posibilidad futura de una.

- Entidad registrante: Pearson VUE.
  Para presentar el examen de certificación es necesario registrarse en un Pearson VUE Testing Center (hay absoluta libertad para elegir el Testing Center).
  Al registrarse deberá definir fecha y hora en que desea realizar el examen, y el idioma en que lo hará; también deberá realizar el correspondiente

pago.
Si bien la elección de fecha y hora puede cambiarse hasta 24 hs. antes del examen, la elección de idioma no puede ser modificada.

- Período de recertificación: 3 años.

- Puntaje de aprobación: 825/1000.
  El puntaje final y el asignado a cada pregunta pueden variar en cada examen individual. El sistema de puntuación se basa en una escala que va de 300 a 1000.
  Cada pregunta tiene asignado en el sistema un puntaje. Al responder bien el Candidato suma en su score el puntaje asignado a la pregunta. Si responde mal, no se resta ningún puntaje sino que simplemente no suma los puntos correspondientes.
  El alumno recibe 300 puntos por iniciar el examen y puede obtener como máximo 1000 puntos respondiendo con exactitud todas las preguntas.

- Tópicos que considera el examen:

  - Tecnologías de conmutación LAN – 26% de la carga del examen.

  - Tecnologías de enrutamiento – 29% de la carga del examen.

  - Tecnologías WAN – 16% de la carga del examen.

  - Servicios de infraestructura – 14% de la carga del examen.

  - Mantenimiento de la infraestructura – 15% de la carga del examen.

Si bien no se aclara formalmente en ninguno de los puntos referidos, tenga en cuenta las siguientes notas al momento de preparar su examen de certificación:

- Las preguntas referidas a switches, toman como modelo de referencia el switch Cisco Catalyst 2960 corriendo IOS 15.0.

- Las preguntas referidas a routers, toman como modelos de referencia a los routers Cisco Series Cisco 29xx corriendo IOS 15.2.

La consideración de las versiones de los sistemas operativos es importantes en función de algunos detalles de configuración y las opciones por defecto que presentan algunas implementaciones.

Esto es de suma importancia ya que, las características, prestaciones y comandos varían sensiblemente de acuerdo al modelo de dispositivo y la versión de sistema operativo de la que se trate.

La mayoría de los simuladores y emuladores que se ofrecen actualmente en el mercado para preparar el examen de certificación permiten armar topologías utilizando dispositivos como los mencionados.

200-125 CCNA Cisco Certified Network Associate Exam

- También denominado CCNA Composite por reunir los temarios que abarcan los exámenes 100-105 y 200-105.
- Duración: 90 minutos.
- Cantidad de preguntas: entre 50 y 60.
- Idiomas en que se encuentra disponible: inglés y japonés.
  El sistema le asigna 30 minutos adicionales (un total de 120 minutos), por realizarlo en una lengua no materna.
- Tópicos que considera el examen:
  - Fundamentos de redes - 15% de la carga del examen.
  - Tecnologías de conmutación LAN - 21% de la carga del examen.
  - Tecnologías de enrutamiento - 23% de la carga del examen.
  - Tecnologías WAN - 10% de la carga del examen.
  - Servicios de infraestructura - 10% de la carga del examen.
  - Seguridad de la infraestructura - 11% de la carga del examen.
  - Gestión de la infraestructura - 10% de la carga del examen.

Los objetivos del examen 200-105 ICND2

A continuación presenta una versión no oficial en castellano de los objetivos oficiales del examen de certificación ICND2 200-105 que se presentan en inglés en la página de Cisco:

1. Tecnologías de conmutación LAN 26% de la carga del examen.
   1. Configurar, verificar y resolver fallos en VLANs (rango normal/extendido) extendidas a varios switches.
   2. Configurar, verificar y resolver fallos de conectividad entre switches.
   3. Configurar, verificar y resolver fallos del protocolo STP.
   4. Configurar, verificar y resolver fallos relacionados con elementos opcionales de STP (Port Fast, BPDU Guard).
   5. Configurar, verificar y resolver fallos en EtherChannel.

6. Describir los beneficios del stack de switches y la consolidación de chasis.

7. Describir técnicas comunes para la mitigación de amenazar en la capa de acceso (802.1x, DHCP snooping, native VLAN).

2. Tecnologías de enrutamiento 29% de la carga del examen.

   1. Configurar, verificar y resolver fallos del enrutamiento entre VLANs (Se incluye SVI).

   2. Comparar y contrastar protocolos de enrutamiento de vector distancia y de estado de enlace.

   3. Comparar y contrastar protocolos de enrutamiento interior y exterior.

   4. Configurar, verificar y resolver fallos en enrutamiento OSPFv2 en IPv4 en área única y múltiples áreas (se ha excluido autenticación, filtrado, sumarización manual, redistribución, áreas stub, virtual-link y LSAs).

   5. Configurar, verificar y resolver fallos en enrutamiento OSPFv3 en IPv6 (se ha excluido autenticación, filtrado, sumarización manual, redistribución, áreas stub, virtual-link y LSAs).

   6. Configurar, verificar y resolver fallos en enrutamiento EIGRP en IPv4 (se ha excluido autenticación, filtrado, sumarización manual, redistribución y redes stub).

   7. Configurar, verificar y resolver fallos en enrutamiento EIGRP en IPv6 (se ha excluido autenticación, filtrado, sumarización manual, redistribución y redes stub).

3. Tecnologías WAN 16% de la carga del examen.

   1. Configurar y verificar PPP y MLPPP en interfaces WAN utilizando autenticación local.

   2. Configurar, verificar y resolver fallos en la interfaz del lado del cliente PPPoE utilizando autenticación local.

   3. Configurar, verificar y resolver fallos de conectividad en túneles GRE.

   4. Describir las opciones de topologías WAN.

   5. Describir opciones de acceso a conectividad WAN (se incluye MPLS, MetroEthernet, PPPoE en banda ancha y VPNs sobre Internet (DMVPN, VPN site-to-site, cliente VPN)).

   6. Configurar y verificar conectividad single-homed en sucursales utilizando eBGP IPv4 (solo considerar dispositivos peer y publicación de redes).

4. Servicios de infraestructura 14% de la carga del examen.

    1. Configurar, verificar y diagnostico básico de HSRP.

    2. Describir el efecto de la incorporación de recursos de nube en arquitecturas de redes corporativas.

    3. Describir conceptos básicos de QoS.

    4. Configurar, verificar y diagnosticar listas de acceso IPv4 e IPv6 para el filtrado de tráfico.

    5. Verificar ACLs utilizando la herramienta de análisis de ACLs APIC-EM Path Trace.

5. Gestión de la infraestructura 15% de la carga del examen.

    1. Configurar y verificar protocolos de monitoreo de dispositivos (incluye SNPv2, SNMPv3).

    2. Resolver fallos de conectividad de red utilizando IP SLA basado en ICMP echo.

    3. Utilizar local SPAN para diagnosticar y resolver problemas.

    4. Describir la seguridad en la gestión de dispositivos utilizando AAA con TACAC+ y RADIUS.

    5. Describir la programabilidad de redes en arquitecturas de red corporativas.

    6. Resolver problemas básicos de conectividad de capa 3 end-to-end.

El formato de las preguntas

En el momento en que usted se presente a rendir su examen de certificación y antes de comenzar con el examen propiamente dicho podrá recorrer un tutorial en el que se explican los diferentes formatos de preguntas que ha implementado Cisco Systems para sus exámenes de certificación.

Sin embargo, al momento de prepararse para un examen es conveniente conocer previamente el formato que va a revestir el examen, los diferentes tipos de preguntas que pueden aparecer, y el modo en que cada una de ellas influye en la calificación final. Cuantas menos sorpresas en el momento del examen, mejor.

Cisco Systems utiliza en sus exámenes de certificación 6 formatos básicos de preguntas:

- Respuesta única a partir de opciones múltiples.
- Respuestas múltiples a partir de opciones múltiples.

- Respuestas drag & drop.
- Espacios en blanco para completar.
- Ejercicios de simulación.
- Simlets

Cisco ha publicado un tutorial en línea con los diferentes tipos de preguntas:

http://www.cisco.com/go/tutorial

Tenga presente que en ese tutorial (como el que podrá recorrer en el momento en que se habilite su examen) se muestran 7 tipos de preguntas. Sin embargo en los exámenes de certificación CCNA R&S se implementan solo los 6 tipos mencionados.

1.2. El Procedimiento para Presentar el Examen

Los exámenes de certificación de Cisco Systems son administrados desde el año 2007 exclusivamente por Pearson VUE. Usted puede presentar su examen en cualquier Pearson VUE® Authorized Testing Center. Para verificar cuál es el Testing Center más cercano y la información de contacto pertinente puede consultar la página web de la empresa.

La página web oficial de Pearson VUE®:

http://www.pearsonvue.com/cisco

Para presentar el examen de certificación propongo un sencillo proceso de 5 pasos:

1. Elija la fecha.

La fecha para presentar el examen es de su decisión y solamente depende de la disponibilidad del Testing Center en la fecha y horario que haya elegido.

2. Regístrese en el Testing Center.

Usted debe reservar su fecha de examen haciendo el registro en el Testing Center que ha elegido.

Tenga en cuenta que cada Testing Center tiene asignados días y horarios en los que puede habilitar exámenes. Consulte los horarios y formas de pago que hay disponibles. Puede verlos en la página web de Pearson VUE. También tenga en cuenta que en algunos Testing Center se requiere registrarse con alguna anticipación a la fecha en que se desea presentar el examen. No deje este trámite para último momento y asegure su fecha de examen.

La fecha de presentación del examen puede ser modificada hasta 48 horas hábiles antes. Pasado ese lapso es inmodificable.

3. Los días inmediatamente anteriores al examen.

En la agenda de preparación hay que prever terminar el estudio del temario completo unos 10 días antes de la fecha fijada para el examen. Estos últimos 10 días son parte de la preparación pero tienen un propósito específico: repasar la integridad del temario y fijar los conocimientos.

Un buen recurso para realizar este repaso en estos 10 días anteriores al examen son los cuestionarios. Los cuestionarios no son una herramienta adecuada para el estudio inicial pero sí son muy útiles para revisar los conocimientos y detectar puntos débiles en los últimos días antes del examen.

4. El día del examen.

Preséntese en el Testing Center con al menos 15 minutos de anticipación al horario fijado para el examen. No llegue sobre la hora. Debe estar tranquilo, relajado y concentrado en el examen que va a presentar.

Tenga en cuenta que debe presentar 2 documentos de identidad con foto. Esta es una condición para acreditación de identidad en los Testing Centers.

No lo olvide: debe acreditar su identidad presentando dos documentos con fotografía.

Mientras espera para ingresar al área de examen aproveche los últimos minutos para revisar los puntos que por experiencia ya sabe que recuerda menos: comandos, clasificaciones etc. En este momento es muy útil tener una hoja de repaso rápido. No es momento para cuestionarios o para conversar con amigos que hacen preguntas que nos pueden hacer dudar. Al examen hay que ingresar seguro y tranquilo.

Para ingresar al examen le exigirán dejar fuera todo elemento. No puede ingresar con computadoras personales, calculadoras o cualquier otro dispositivo, tampoco libros, apuntes o anotadores; ni aún con su propio papel y lápiz. El Testing Center le proveerá una tablilla y un marcador para que pueda realizar sus anotaciones.

Aunque es obvio: No se puede ingresar con calculadora o apuntes de cualquier tipo.

Un video ilustrativo del procedimiento puede ser revisado en: http://youtu.be/y6WFmbw_RIA

5. El examen.

Una vez que ingresa a la sala del examen el personal de administración del Testing Center habilitará la terminal en la que deberá realizar su evaluación, y le entregará una tablilla y un marcador para sus notas personales.

Tenga en cuenta que:

- El personal del Testing Center no tiene formación técnica por lo que solamente puede brindarle asistencia y responder preguntas en lo que se refiere al funcionamiento del sistema.

- Si bien le entregan una sola tablilla y un marcador, si necesita más podrá solicitar durante el desarrollo del examen tablillas adicionales. Las tablillas debe entregarlas luego de terminado el examen y no podrá llevarse ninguna nota sobre el mismo.

El examen de certificación ICND2 200-105 está compuesto de 3 elementos:

- El tutorial del examen.
  Pearson VUE asigna específicamente 20 minutos para recorrer el tutorial del examen de certificación. Como he señalado antes, este tutorial también está disponible en el sitio web de Cisco.
  Al terminar de recorrer el tutorial o al finalizar los 20 minutos que tiene asignados para esto, si no lo inició manualmente, comenzará automáticamente el examen de certificación.

- La encuesta.
  Se trata de una breve encuesta de marketing que releva información sobre su relación con el área del networking, tiempo y metodología de preparación que ha utilizado, información demográfica, etc.
  El conjunto de preguntas puede variar de candidato en candidato.
  Sus respuestas a esta encuesta no tienen ninguna influencia en la composición o resultados del examen y tienen un propósito meramente estadístico.

- El examen de certificación.
  Recuerde que durante este tiempo sólo puede requerir asistencia para temas relacionados con el funcionamiento del sistema. No tiene disponible ningún recurso del entorno de base del sistema operativo de la terminal ni tampoco calculadora o elementos de consulta.
  Durante todo este tiempo tendrá en pantalla el reloj que marca el tiempo restante para concluir el examen, adminístrelo de la mejor manera posible.
  Tenga en cuenta que no hay modo de saber antes del final cuántas simulaciones debe afrontar y de qué tipo.
  Al finalizar el examen aparecerá una pantalla de felicitación por haber completado la evaluación.
  Es el momento de avisarle al personal del Testing Center que finalizó.

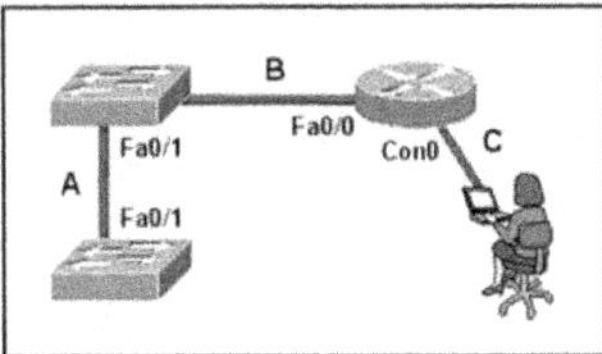

Which set of terms correctly identifies the cable types shown in the exhibit? Assume that none of the switches autoconfigure.

- A. A: straight-through
  B: straight-through
  C: rollover
- B. A: crossover
  B: crossover
  C: rollover
- C. A: crossover
  B: straight-through
  C: straight-through
- D. A: crossover
  B: straight-through
  C: rollover
- E. A: straight-through
  B: crossover
  C: rollover

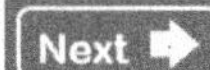

Finalizado el examen, usted podrá ver el resultado del mismo en pantalla y el Testing Center imprimirá y le entregará una copia impresa de su "score report".

El score report es el único documento o registro de su examen con el que contará hasta tanto tenga habilitado su acceso al sitio web de Cisco para técnicos certificados, y reciba por correo su "kit CCNA".
Guarde su exam score con cuidado.

La información que consta en este reporte es la única que podrá obtener respecto de su examen. Cisco no brinda la posibilidad de revisar las preguntas del cuestionario que usted realizó.

5. La recertificación.

La certificación CCNA tiene un período de validez de 3 años que se cuentan a partir del día en que rindió su examen de certificación.

Tenga presente la fecha y consulte con anticipación el sitio web de Cisco para verificar las condiciones de recertificación vigentes en el momento en que deba revalidar su certificación.

2. Los Contenidos del examen de certificación

Vamos ahora a centrarnos en el estudio de los contenidos temáticos propios del examen de certificación.

Para esto he reunido los diferentes temas en 7 ejes temáticos que permiten una aproximación más sistemática y ordenada que el simple seguimiento de los objetivos enunciados por Cisco para el examen.

Los 7 ejes temáticos son:

1. Principios de operación de redes TCP/IP.
2. Direccionamiento IP (IPv4 / IPv6).
3. Operación de dispositivos Cisco IOS.
4. Conmutación LAN.
5. Enrutamiento IP.
6. Servicios IP.
7. Tecnologías WAN.

Ahora bien, dado que la preparación de este examen de certificación supone los conocimientos del temario del examen ICND1, iniciaré cada uno de esos ejes temáticos con una síntesis de los conocimientos pre-requisito a fin de ayudar a refrescar los temas y hacer presentes los puntos necesarios.

De ser necesario, el desarrollo completo del temario correspondiente al examen de certificación ICND1 100-105 puede encontrarlo en el Apunte Rápido CCENT versión 6.1 que ya ha sido publicado por EduBooks.

2.1. Principios de operación de redes TPC/IP

 Las abreviaturas y siglas utilizadas en este manual se encuentran desarrolladas en el Glosario de Siglas y Términos de Networking que está disponible en la Librería en Línea de EduBooks: https://es.scribd.com/document/292165924/Glosario-de-Siglas-y-Terminos-de-Networking-version-1-2

Síntesis del temario del examen ICND1

Componentes de las redes de datos:

- Terminales.
- Elementos de interconexión:
- Switches.
- Routers.
- Dispositivos inalámbricos.
- Access points.
- WLAN controllers.
- Firewalls.

Elementos que caracterizan las redes de datos:

- Topología.
- Velocidad o capacidad de transporte.
- Costo.
- Seguridad.
- Disponibilidad.
- Escalabilidad.
- Confiabilidad.

Topología física vs. Topología lógica

La topología física de una red refiere a la distribución física de dispositivos y cableado.

La topología lógica refiere, por su parte, al camino que han de atravesar los datos entre origen y destino.

Principales modelos de topología son:

- Bus.
- Anillo.
- Estrella.
- Malla.

Impacto de las aplicaciones

Diferentes aplicaciones impactan de diferente manera en la performance de la red. Se distinguen 3 tipos básicos de aplicaciones:

- Aplicaciones que transmiten en ráfagas (batch applications).
- Aplicaciones interactivas.
- Aplicaciones de tiempo real.

Modelo OSI

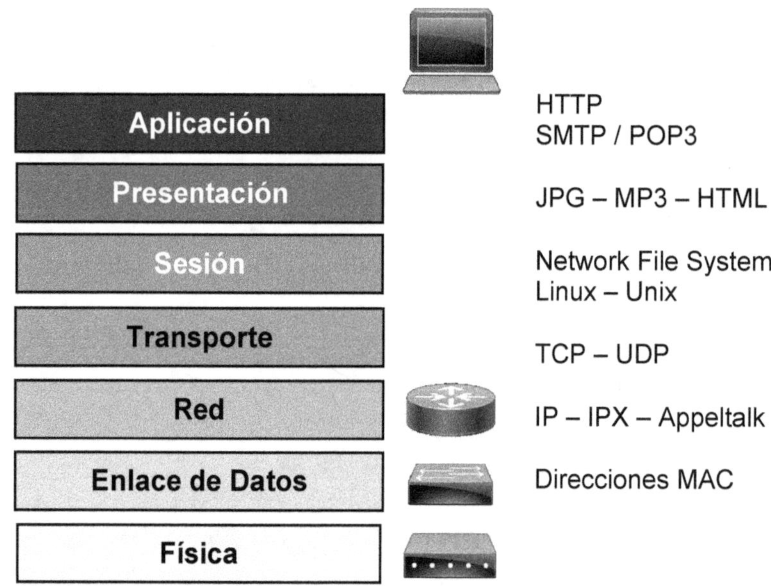

Modelo TCP/IP

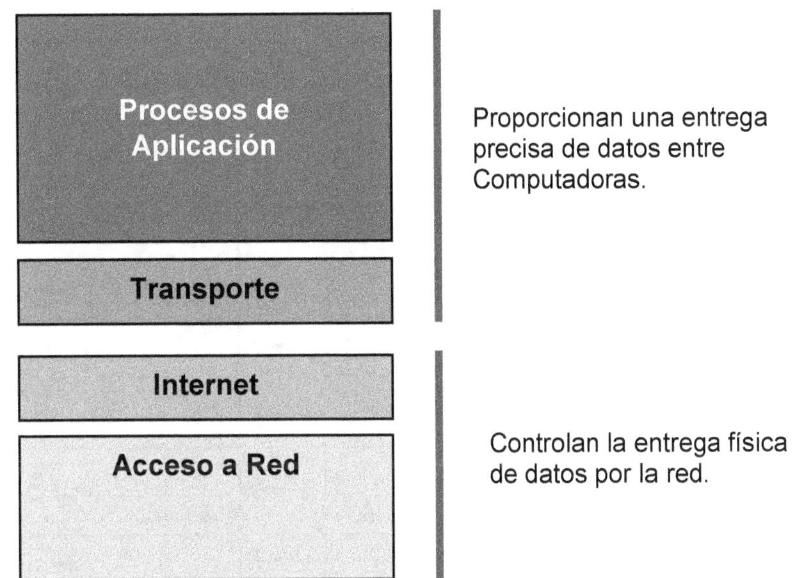

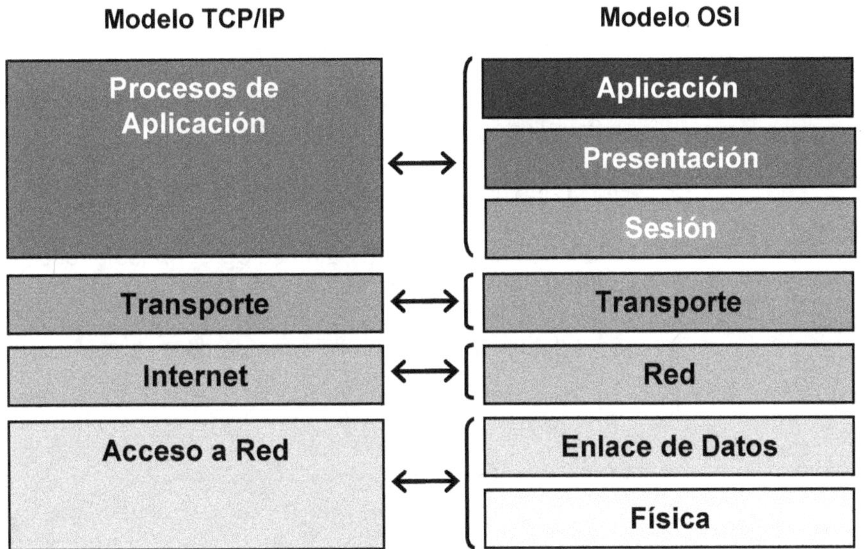

Encapsulación / Desencapsulación

Cada capa del modelo OSI en el dispositivo origen debe comunicarse con su capa homóloga (par o peer) en el destino.

Durante el proceso de transporte ente origen y destino, los protocolos de cada capa deben intercambiar bloques de información que reciben la denominación de unidades de datos del protocolo (PDU).

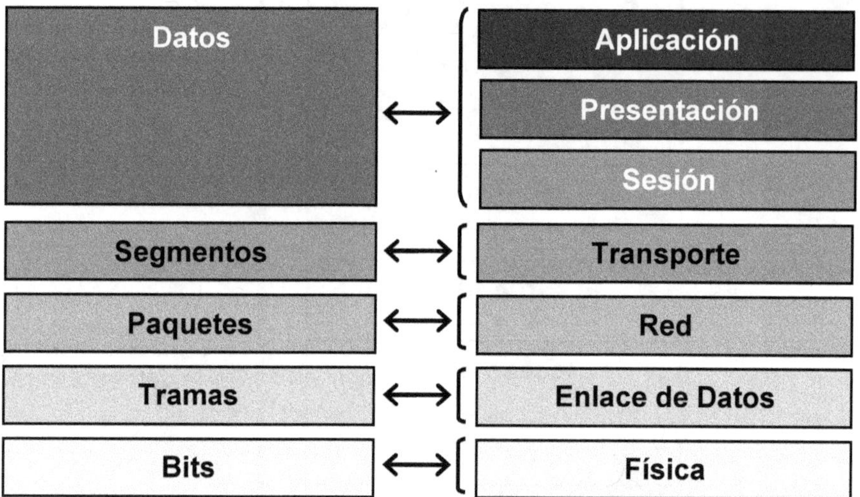

Cinco pasos básicos:

1. Se convierte la información del usuario en datos. Se agrega la información correspondiente a los protocolos involucrados.
2. En la capa de transporte los datos son fragmentados en segmentos y encapsulados con información de control.
3. En la capa de red se agregan las direcciones lógicas de origen y destino.
4. En la capa de enlace de datos se agregan las direcciones físicas y se conforma la trama para su transmisión.
5. Los datos se transmiten en forma de bits a través de los medios físicos.

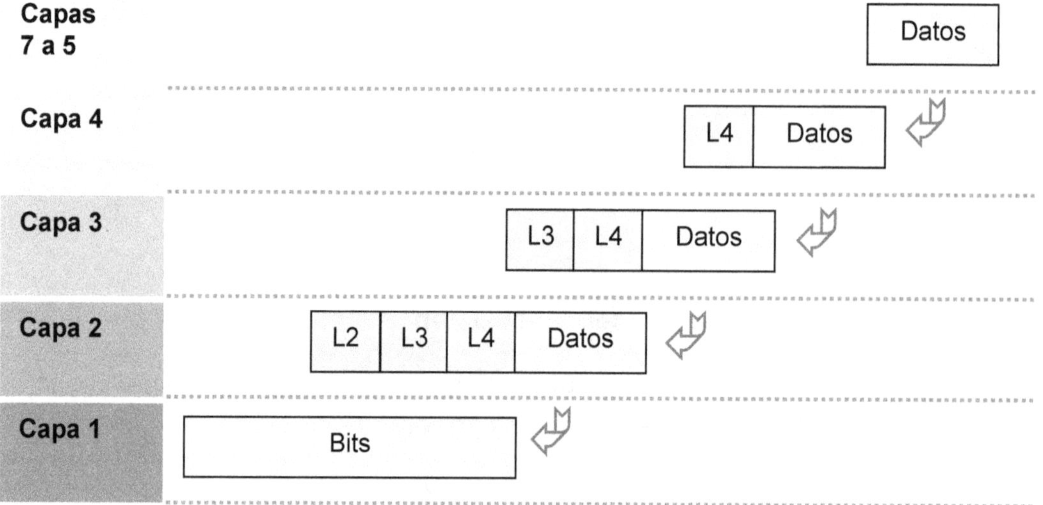

Cuando la información es recibida en el destino se realiza el proceso inverso.

Capa física del modelo OSI

Se utilizan diferentes medios de transporte de la señal:

- Alambres de cobre.
- Filamentos de fibra óptica.
- Transmisión de radiofrecuencia sobre el medio atmosférico.

Medios de cobre

- Cable coaxial.
- Cable de par trenzado de cobre.

Cable de par trenzado de cobre

Se compone de 8 hilos (4 pares) de alambre de cobre revestidos cada uno con una vaina aislante de plástico de diferente color y trenzados de a pares para lograr el efecto de cancelación y blindaje que le permite rechazar interferencias.

Conectorizado RJ-45

Estándar que especifica las características físicas de los conectores macho y hembra, al mismo tiempo que la asignación de los diferentes cables que componen el UTP.

La asignación de los cables está definida por el estándar EIA/TIA-568-B que establece dos formatos básicos para el armado de fichas RJ-45: T568 A y T568 B.

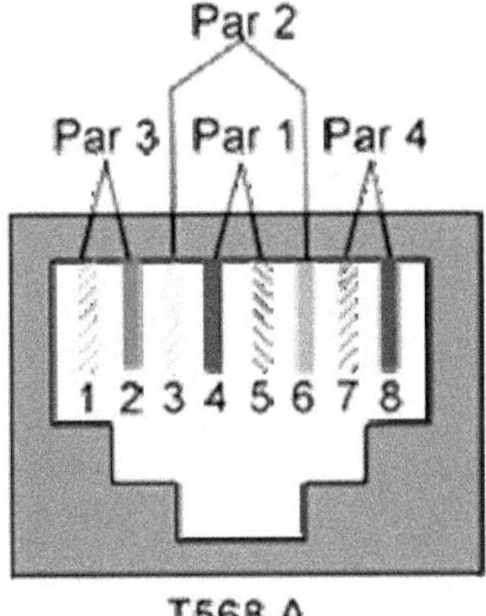

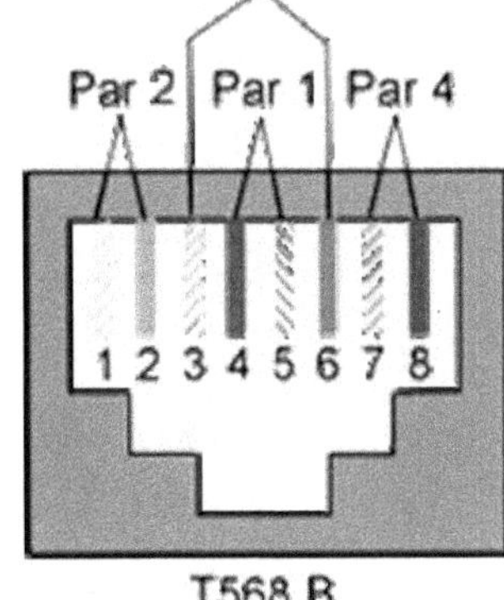

Los distintos tipos de cable se diferencian por el formato utilizado en cada uno de sus extremos:

- Cable Derecho

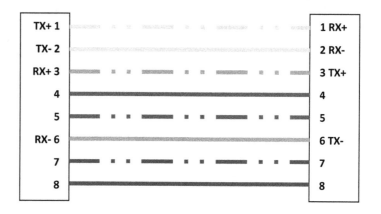

- Cable Cruzado

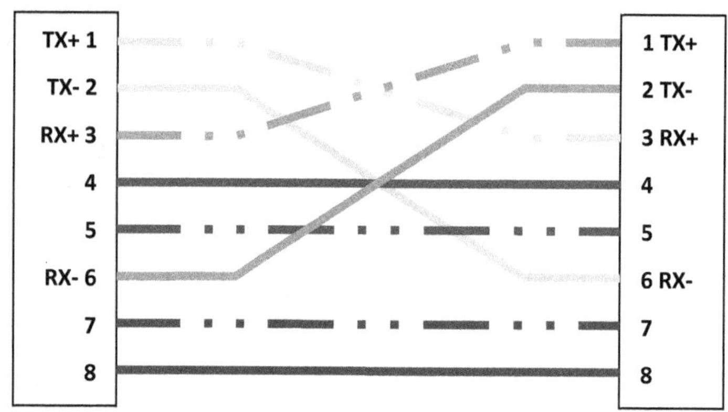

Cable cruzado GigabitEthernet

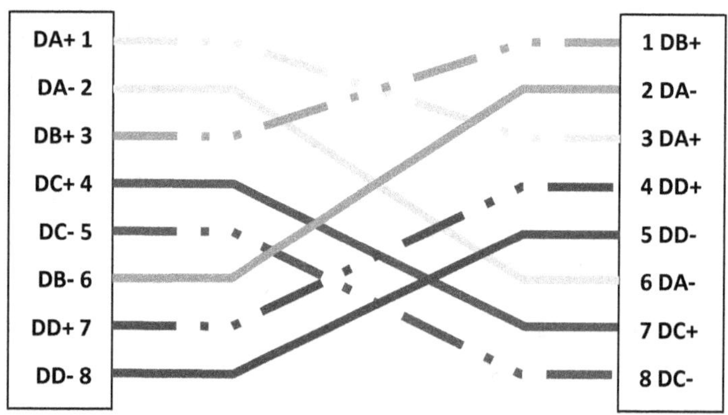

- Cable Consola
  En este caso el orden de los alambres en un extremo del cable es el espejo exacto del otro extremo. El pinado en ambos extremos es inverso: 1-2-3-4-5-6-7-8 en un extremo, 8-7-6-5-4-3-2-1 en el otro.

El uso adecuado de cada tipo de cable es el siguiente:

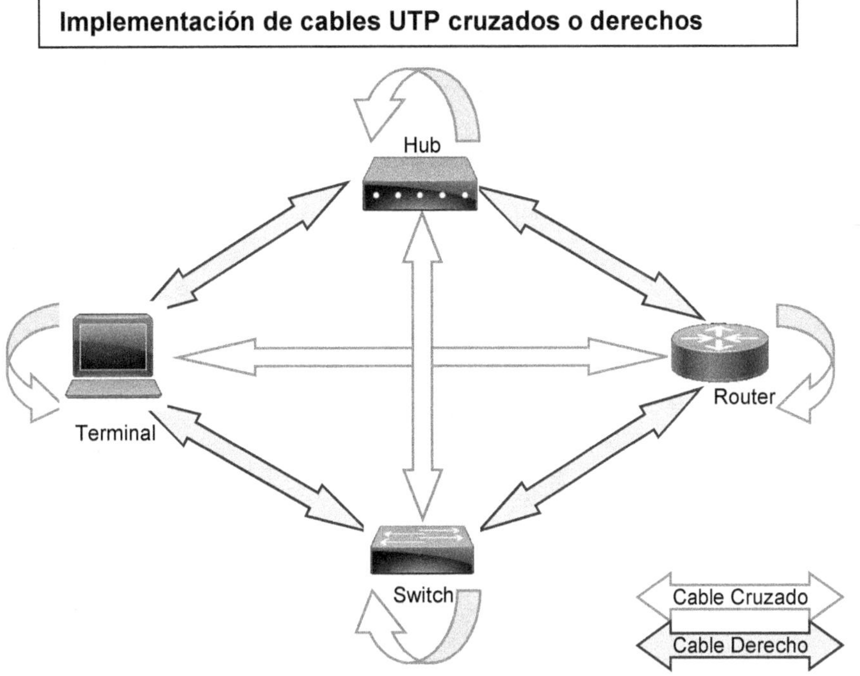

Medios de fibra óptica

Es una pieza compleja compuesta básicamente de 3 elementos:

- Núcleo de vidrio o silicio.
- Revestimiento o blindaje.
- Una capa de material amortiguador o buffer.

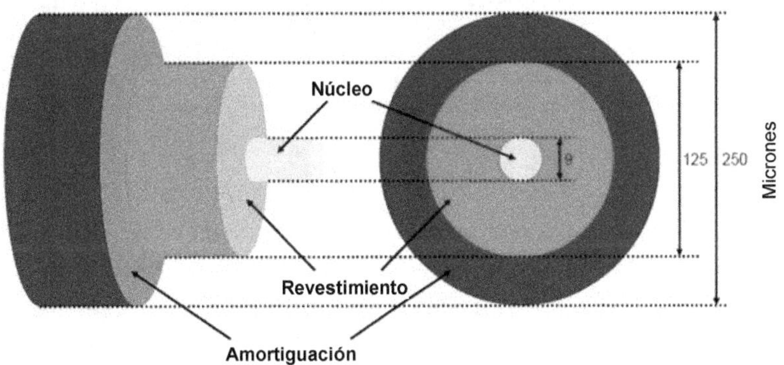

Cada circuito de fibra óptica está compuesto por 2 hilos de fibra, cada uno de ellos destinado a establecer la comunicación en un sentido, asegurando de esta manera una comunicación bidireccional.

Hay 2 tipos básicos de fibra óptica a considerar:

- Fibra Multimodo.
- Fibra Monomodo.

Hay dos tipos de fuentes de luz:

- LED.
- Emisores láser.

Fibra Multimodo	Fibra Monomodo
Utiliza LEDs	Utiliza emisores láser
Bajo ancho de banda y velocidad	Alto ancho de banda y velocidad
Distancias cortas	Distancias largas
Más económica	Más costosa

La Arquitectura Ethernet

Tecnologías LAN comprendidas actualmente en el estándar IEEE 802.3

Nomenclatura y estándares

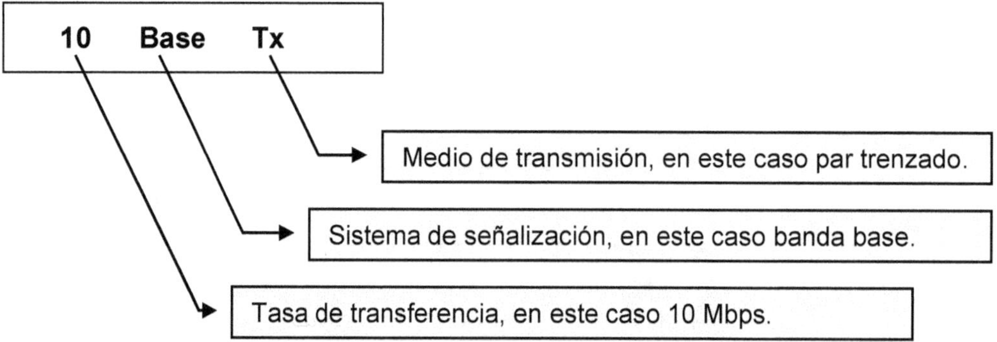

- T – Cable de par trenzado.
- S – Cable de fibra óptica multimodo de corto alcance.

Elementos comunes

- Estructura de la trama.
- Dimensiones de la trama:
    - Mínima (64 bytes).
    - Máxima (1518 bytes).
- Método de acceso al medio: CSMA/CD.
- Requerimiento de un slot time para conexiones half dúplex.

Encabezado de una trama Ethernet II

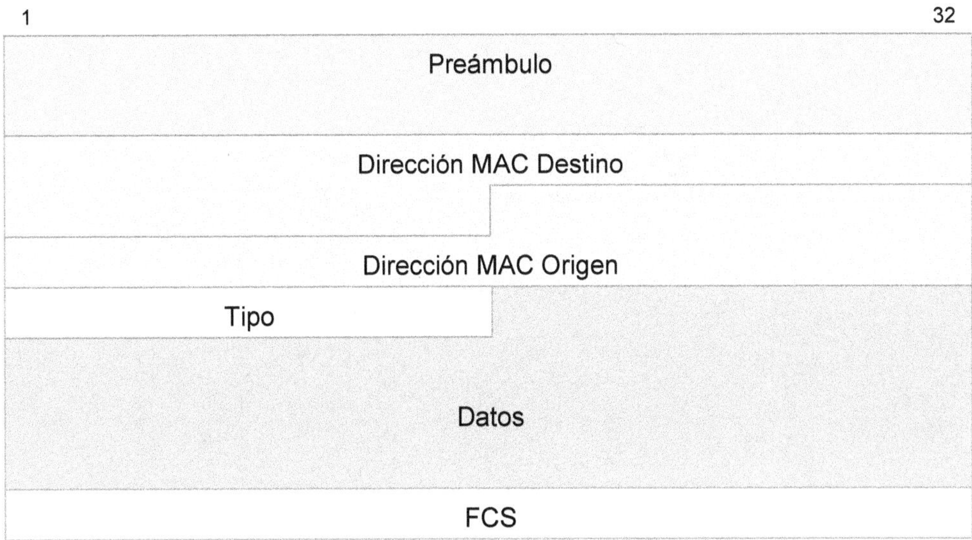

Direccionamiento de capa 2 y capa 3

Definición de destinatarios

3 tipos de destinatario:

- Unicast
- Multicast
- Broadcast

Direcciones MAC

- Esquema de direccionamiento físico utilizado en redes Ethernet.
- Se expresa utilizando 12 dígitos en formato hexadecimal.

- Se encuentra “impresa” o “quemada” en la placa de red.
- Cada dispositivo debe contar con una MAC globalmente única.
- En general es un ID inmodificable.

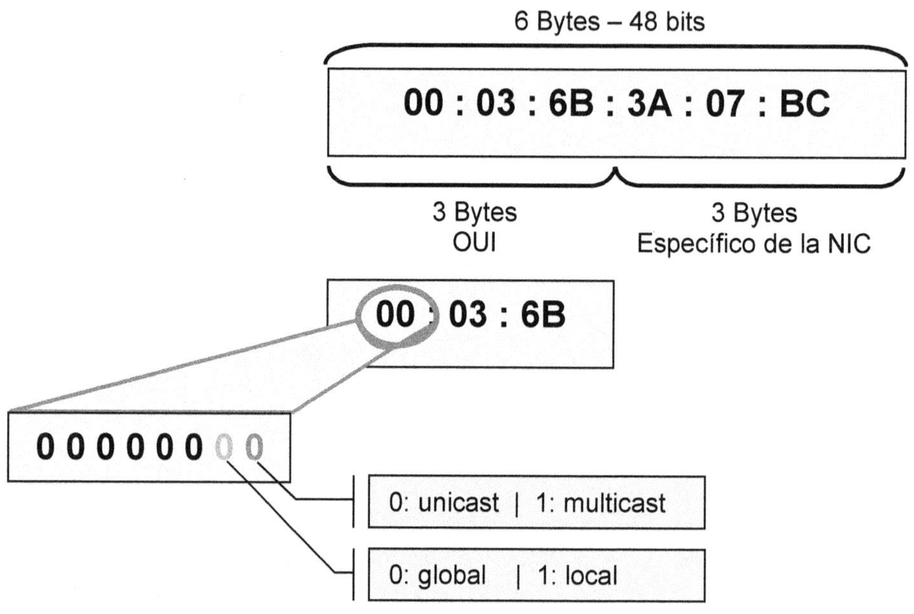

Protocolo IPv4

- Opera en la capa 3 del modelo OSI.
- Protocolo no orientado a la conexión.
- Cada paquete es procesado individualmente.
- En el direccionamiento utiliza un esquema jerárquico de 2 niveles.
    - ID de red.
    - ID de host o nodo.
- Sigue una lógica de best-effort y no garantizan la entrega del paquete.
- Identifica cada puerto conectado a una red con una dirección de 32 bits.
- Se representan como 4 octetos de 8 bits.

Encabezado de un paquete IPv4

<table>
<tr><td colspan="2">1</td><td></td><td colspan="2">32</td></tr>
<tr><td>Versión</td><td>HLEN</td><td>Tipo de Servicio</td><td colspan="2">Longitud Total</td></tr>
<tr><td colspan="3">Identificación</td><td>Flags</td><td>Desplazamiento del fragmento</td></tr>
<tr><td colspan="2">TTL (8 bits)</td><td>Protocolo (8 bits)</td><td colspan="2">Suma de Comprobación</td></tr>
<tr><td colspan="5">Dirección IP de origen (32 bits)</td></tr>
<tr><td colspan="5">Dirección IP de destino (32 bits)</td></tr>
<tr><td colspan="3">Opciones IP</td><td colspan="2">Relleno</td></tr>
<tr><td colspan="5">Datos</td></tr>
</table>

La capa de Transporte

Los servicios ofrecidos por esta capa, son:

- Multiplexación de sesiones.
- Identificación de aplicaciones.
- Segmentación.
- Control de flujo.
- Transporte orientado a la conexión.

Conexión confiable o best-effort

Confiable	Best-effort
TCP	UDP
Orientado a la conexión	No orientado a la conexión
Se mantiene información sobre el estado de la conexión y el envío de datos.	No se mantiene información sobre el estado de la conexión y el envío de datos.
Se negocia una conexión entre origen y destino.	No negocia una conexión.
Utiliza secuenciamiento	No utiliza secuenciamiento
Servicios adicionales: Detección y recuperación de datos perdidos. Detección de segmentos duplicados o fuera de orden. Control de congestión.	Son aplicaciones que soportan la pérdida de paquetes mientras se mantengan en niveles bajos.

El protocolo UDP

- No orientado a la conexión.
- Tiene bajo o mínimo overhead.
- Provee las funciones básicas de transporte.
- Realiza una verificación de errores muy limitada.
- No hay ninguna garantía de la entrega de los datos al destino.

El protocolo TCP

- Orientado a la conexión.
- Verifica potenciales errores.
- Capa paquete va secuenciado para poder ordenar los segmentos.
- Se utiliza un sistema de acknowledgements.
- Si el origen no recibe la confirmación de recepción del paquete, procede a la retransmisión del mismo.
- Incluye un mecanismo de control de flujo.
- Establece un circuito virtual unidireccional.

Interacción con la capa de red y la de aplicación

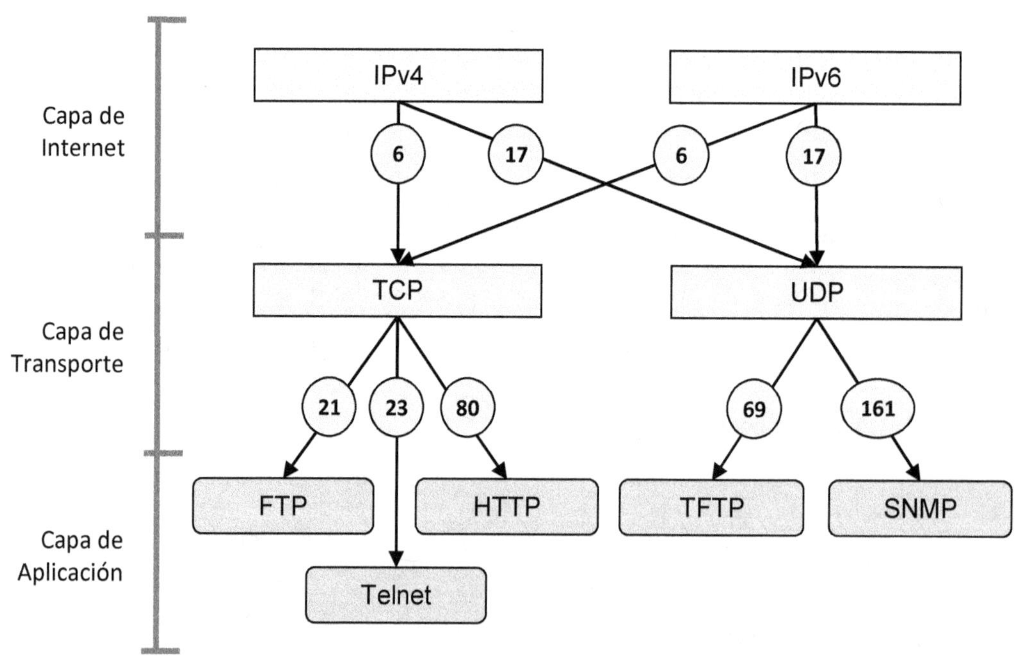

Rango ID de Puertos	Uso
1 – 1023	Puertos Bien Conocidos
1024 – 49151	Puertos Registrados.
49152 – 65535	Puertos de asignación dinámica.

Establecimiento de una sesión TCP

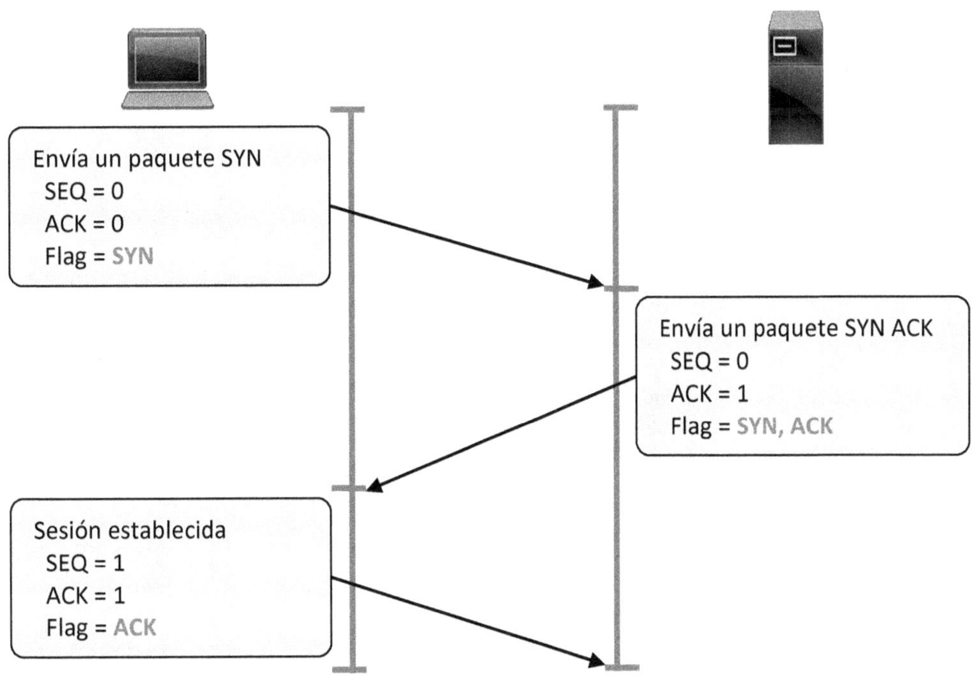

Como resultado del proceso:

- El cliente verifica que el servidor está disponible en la red.
- El cliente verifica que el servicio está activo y acepta solicitudes.
- Informa al servidor que el cliente intenta establecer una comunicación.

Control de flujo en TCP

TCP realiza un secuenciamiento y confirmación de recepción de los segmentos.

- El número de secuencia permite reensamblar la información en el dispositivo receptor.

- El número de acknowledgment permite confirmar la recepción de los segmentos y solicitar el envío de los siguientes.
- Si se pierde un número de secuencia en la serie, ese segmento y todos los siguientes se retransmiten.

El mecanismo de acknowledgment es el que permite:

- Asegurar que los segmentos son recibidos sin errores y en el orden correcto.
- Indicar al dispositivo de origen cuál es el segmento que el destino espera recibir a continuación.

El sistema de ventana

Permite que un dispositivo envíe un determinado volumen de información sin esperar a recibir un acknowledgment por cada segmento.

- Mejora la performance de la conexión reduciendo el overhead.
- Permite controlar la tasa de transmisión evitando la congestión y la pérdida de información.

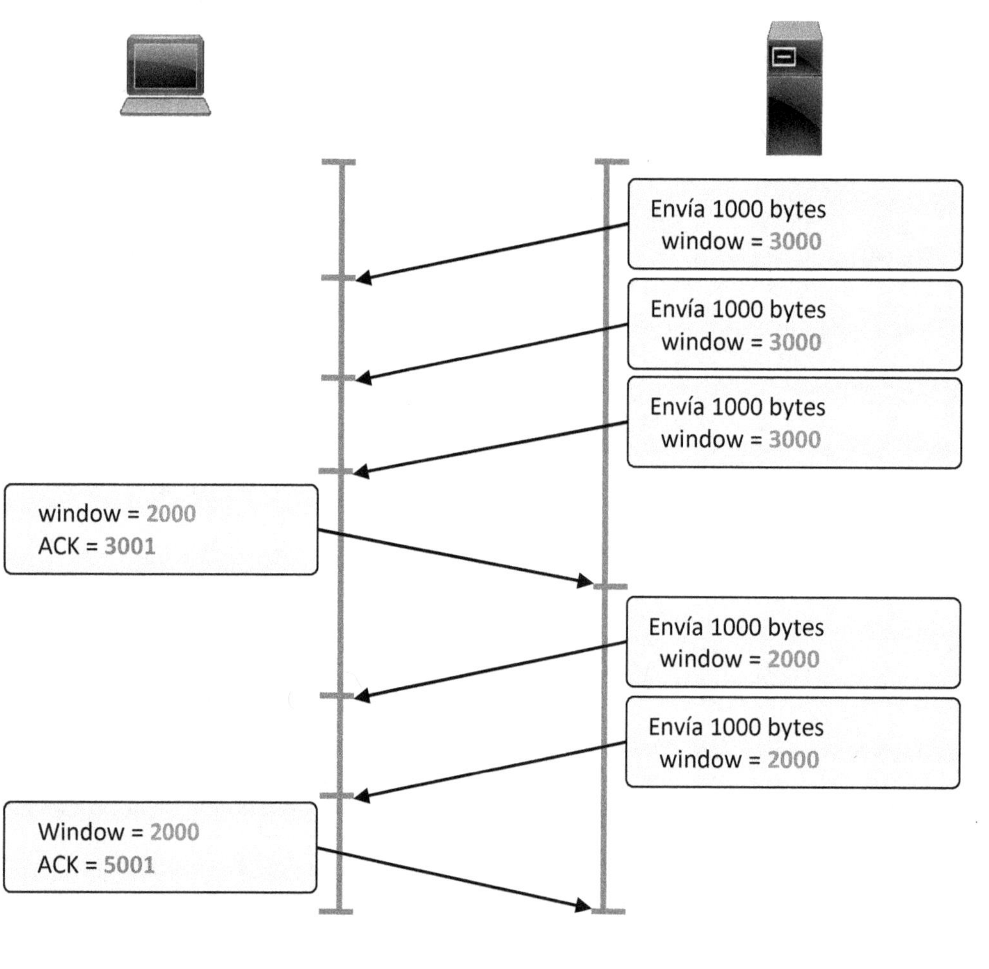

Lo desarrollado hasta este punto es una síntesis del temario del examen ICND1 creado con la intención de brindar una herramienta de repaso de esos temas.
Un desarrollo completo de estos temas puede encontrarse en el Apunte Rápido CCENT versión 6.1 que ya he publicado.

Cloud computing

El término "nube" o "cloud" describe una modalidad específica de utilización de recursos: procesamiento, almacenamiento, redes y otros.

- Los recursos se encuentran abstraídos de la infraestructura subyacente y se acceden remotamente.
- La capacidad de cómputo se accede como un servicio y no ya como un producto.
- Usualmente la conectividad es a través de la red, muchas veces a través de Internet.
- Desde la perspectiva del usuario la disponibilidad de los recursos es totalmente transparente sin importar desde dónde se accede.
- La experiencia del usuario dependerá de la capacidad de la red de acceso utilizada.

Ventajas de los servicios de nube para el proveedor

- Reducción de costos por la consolidación, la automatización y la estandarización.
- Alta utilización de los recursos compartidos merced a la consolidación y la virtualización.
- Facilidad de administración.
- La automatización libera recursos humanos para otras tareas.

Ventajas de los servicios de nube para los usuarios

- Se paga únicamente por los recursos que se utilizan.
- Mayor planificación y control de los gastos en tecnología.
- Autoservicio del aprovisionamiento de recursos según demanda.
- Disponibilidad centralizada de los recursos.
- Alta disponibilidad.

- Arquitecturas escalables horizontalmente.
- Eliminación de la necesidad de backup local.
- La performance de las aplicaciones no está sujeta a la configuración de las estaciones de trabajo.

Servicios de cómputo en la nube

Si bien hay diversidad de modalidades de prestaciones de IT-as-a-Service, hay 3 modelos básicos en función de los cuáles se pueden clasificar las diferentes propuestas comerciales.

- IaaS
  Infrastructure as a Service.
- PaaS
  Platform as a Service.
- SaaS
  Software as a Service.

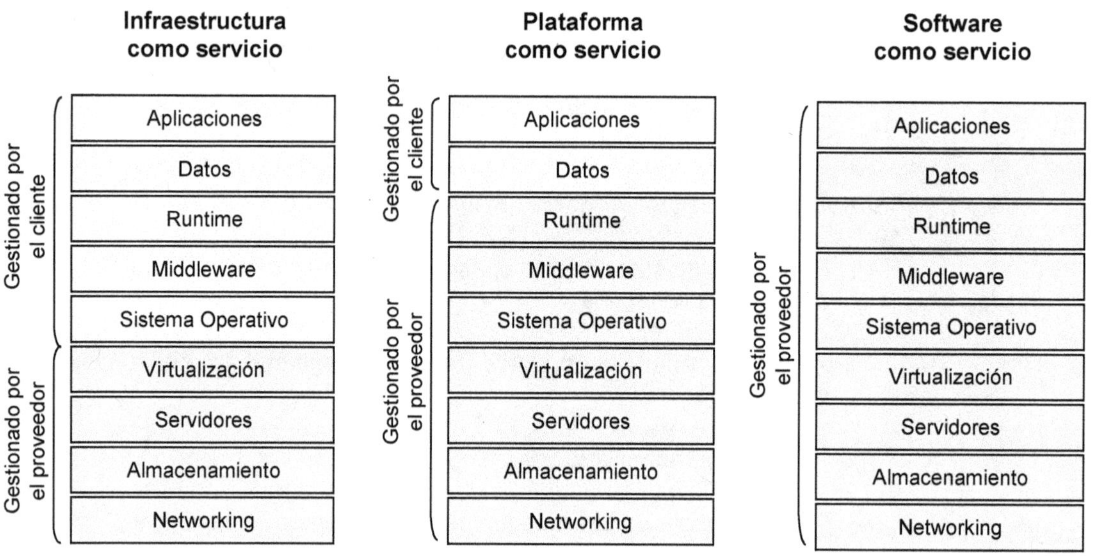

A estos servicios los proveedores de servicios pueden anexar otras prestaciones tales como acceso a través de redes de banda ancha, direccionamiento IP público, firewall, NAT, etc.

Network Programmability en redes corporativas

Los dispositivos que componen la red operan en 3 planos diferentes:

- Plano de Management o Gestión.
  Refiere a la capacidad de administrar el dispositivo.

Es aquel en el que se ejecutan todas las funciones que nos permiten administrar el dispositivo y su operación.
Aquí operan los protocolos vinculados a la gestión del dispositivo: Telnet, SSH, HTTP, HTTPS, SNMP, etc.

- Plano de Control.
  Refiere a la capacidad del dispositivo para mantener una estructura de información referida a la red.
  Es el que permite al dispositivo desarrollar sus funciones de reenvío de tráfico. En este plano se administra toda la información correspondiente a la red en sí misma: protocolos de enrutamiento, tablas de enrutamiento, tablas de direcciones MAC, etc.
  Todos los protocolos que automatizan y dinamizan la operación de la red operan en este plano.

- Plano de Datos.
  Refiere a la capacidad del dispositivo de reenviar tráfico.
  Aunque no se lo mencione, es el más considerado habitualmente.
  Es aquel en el que se ejecutan las operaciones necesarias para el reenvío de tráfico.
  Un dispositivo de networking esencialmente no es origen ni destino de tráfico, sino un punto de paso en el establecimiento y mantenimiento de una comunicación entre 2 dispositivos terminales. Es lo que recibe el nombre de router en terminología de TCP/IP (no confundir con los dispositivos a los que comercialmente denominamos routers).
  Esas funciones de recepción y reenvío de tramas o paquetes son las propias del plano de datos, y son las que habitualmente merecen más atención. En este plano se da el reenvío de tráfico, el encolado y priorización de tráfico, etc.

Las redes tradicionales están compuestas por una multiplicidad de dispositivos en cada uno de los cuales estos 3 planos.

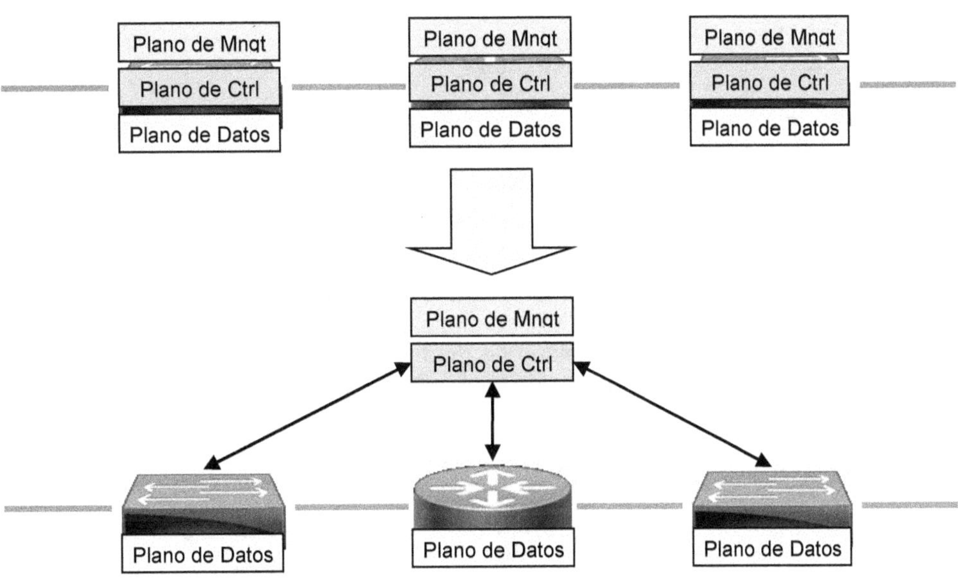

Las arquitecturas SDN cambian ese paradigma tradicional desplazando la "inteligencia" de los dispositivos individualmente considerados para colocarla en un controlador central a partir del cual se despliega la gestión a través del software.

- El plano de control está completamente separado del plano de datos.
- Se automatizan procesos de aprovisionamiento, configuración, etc.
- Agrega flexibilidad, agilidad en la implementación y escalabilidad.
- Brinda una visión centralizada de la red.
- La capa de control usualmente es una solución de software que recibe el nombre de controlador.
- La capa de control puede interactuar con múltiples aplicaciones de negocios a través de interfaces API.
- Las aplicaciones de negocios utilizando interfaces APIs hacen los requerimientos de servicios a la capa de control.

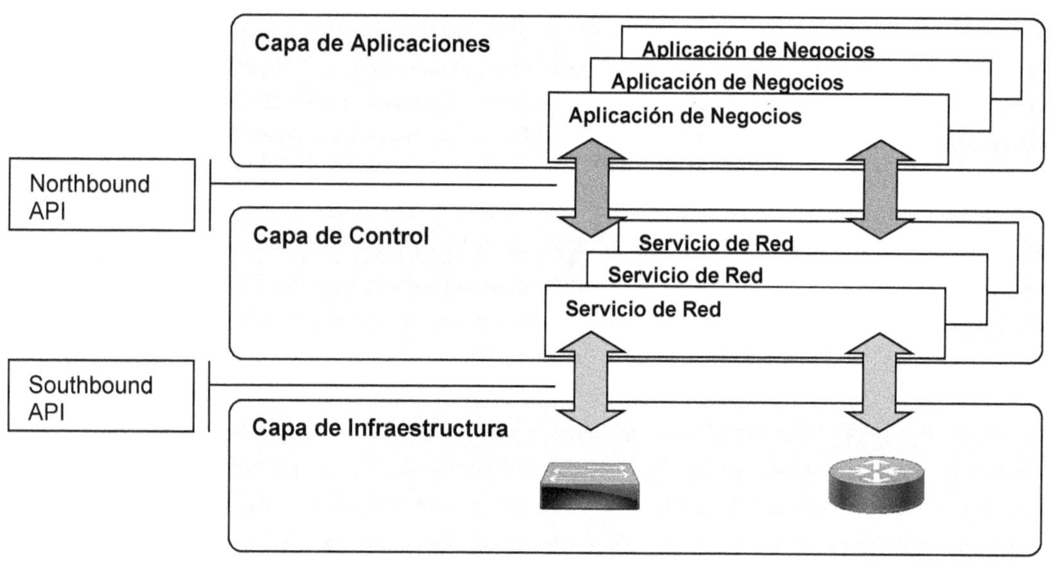

 No confundir SDN con NFV.
NFV es el desacople de las funciones de red de un hardware propietario de modo de operar como dispositivos virtualizados. Son tecnologías diferentes y complementarias.

Application Programming Interfaces

En la operación de redes SDN hay 2 tipos claramente diversos de interfaces API:

- Interfaces API Southbound.
  También llamadas device-to-control-plane.

Son las que permiten la comunicación entre la capa de control (o plano de control centralizado) y la capa de infraestructura o plano de datos. Permite que el controlador mantenga control de los dispositivos individuales.
En este punto la industria está desarrollando y aplicando diferentes estándares:

- OpenFlow.
  Interfaz estándar definida por la ONF. Se utilizan para definir la ruta a través de la cual el tráfico fluye en la red.
  Implementa un modelo imperativo en el que el controlador envía instrucciones detalladas y complejas a los elementos de la red para modificar sus tablas de reenvío de tráfico.

- NETCONF.
  Protocolo de gestión de la red definido por la IETF.
  Es el más implementado en la actualidad. Brinda mecanismos para instalar, manipular y borrar la configuración de los dispositivos de la red utilizando RPC.
  Los mensajes se codifican utilizando XML.
  No todos los dispositivos soportan NETCONF.

- OpFlex.
  Estándar abierto para generar un sistema de control distribuido.
  Utiliza un modelo declarativo en el que el controlador (APIC) envía definiciones de políticas abstractas a los elementos de la red, y confía en que el dispositivo las implementará utilizando su propio plano de control.

- Interfaces API Northbound.
  Son las utilizadas por la capa de control para ofrecer los servicios de red a las aplicaciones de negocios. Son las que permiten que una aplicación gestione o controle la red brindando a la aplicación una visión abstracta de la red.
  No se cuenta por el momento con interfaces northbound unificadas.

Cisco APIC-EM

Se trata de un controlador SDN para redes corporativas.

- Aplica las políticas utilizando OpFlex, OpenFlow o NETCONF.
- Provee una visión abstracta de la red simplificando la gestión de los servicios de red.
- Permite contar con un único punto para la automatización de las tareas de red tanto LAN como WAN, tanto cableada como inalámbrica, sean dispositivos físicos o virtuales.
- Soporta tanto despliegues completamente Cisco como combinados con otros fabricantes.
- Proporciona información valiosa sobre los dispositivos y recursos de analítica para su aprovechamiento.
- La visibilidad permite optimizar los servicios y dar soporte a nuevas aplicaciones y modelos de negocios.
- Permite el despliegue rápido de nuevos dispositivos y aplicaciones.
- Automatiza el aprovisionamiento de servicios extremo a extremo rápidamente y de modo automático.

Prestaciones

- Base de datos de información de dispositivos.
  Mantiene un inventario actualizado de todos los dispositivos de red.
- Visualización de la topología de la red.
  Puede generar automáticamente la topología física de la red con detalle a nivel de dispositivos.
- Implementación zero-touch.
  Cuando el controlador descubre un nuevo dispositivo crea la información en la base de datos de la red y automáticamente lo configura.
- Identity Manager.
  Se puede hacer seguimiento de los usuarios y terminales intercambiando información con Cisco ISE.
- Policy Manager.
  Traslada el requerimiento de negocios al nivel de políticas en los dispositivos. Puede forzar la aplicación de políticas para un usuario tanto en la red cableada como inalámbrica.
- Análisis de ACL.
  Recolecta y analiza las ACLs en cada dispositivo de la red. Puede detectar fallas en la configuración de las ACLs.

- Implementación de QoS y gestión de cambios.
- Cisco Intelligent WAN application.
  Simplifica el aprovisionamiento de perfiles iWAN.

Análisis de rutas utilizando APIC-EM

APIC-EM incluye una herramienta de análisis de rutas denominada Path Trace que permite realizar el seguimiento del tratamiento que da la red a un tipo específico de paquete a lo largo de una ruta que atraviesa múltiples dispositivos.

Toma en cuenta:

- Dirección IP origen y destino del paquete.
- Puertos TCP o UDP origen y destino.

El resultado del análisis se muestra de modo visual y textual, mostrando cada uno de los dispositivos y enlaces que se atraviesan entre origen y destino. Si el tráfico está bloqueado en algún punto se informa acerca de ese punto.

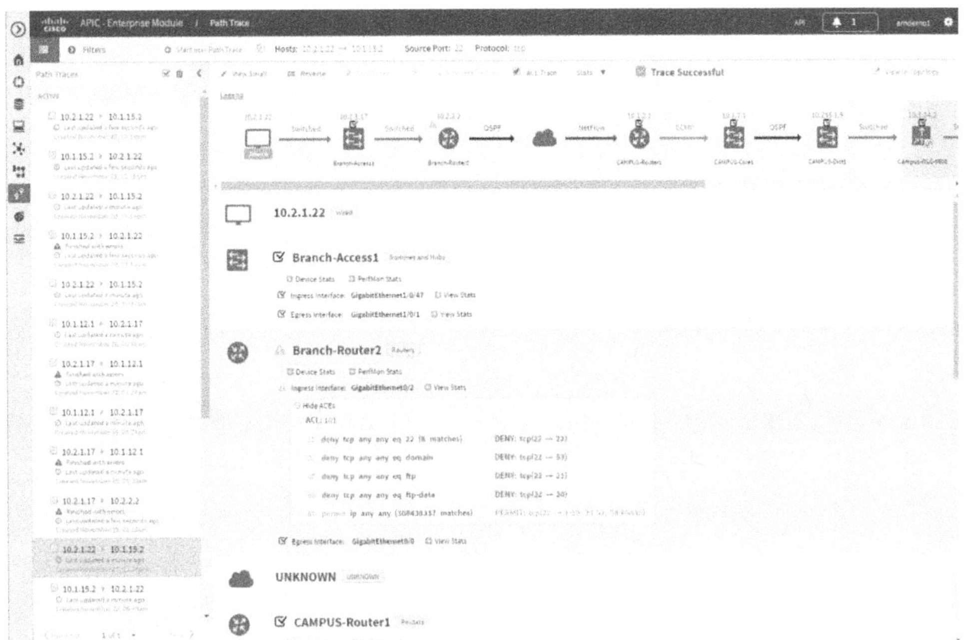

2.2. Direccionamiento IP (IPv4 / IPv6)

Las abreviaturas y siglas utilizadas en este manual se encuentran desarrolladas en el Glosario de Siglas y Términos de Networking que está disponible en la Librería en Línea de EduBooks: https://es.scribd.com/document/292165924/Glosario-de-Siglas-y-Terminos-de-Networking-version-1-2

Síntesis del temario del examen ICND1

Hay en la actualidad 2 versiones del protocolo IP en uso. IPv4 que es el utilizado por Internet desde el año 1980; e IPv6, surgido para subsanar el agotamiento de las direcciones IPv4.

Direccionamiento IP versión 4

El protocolo IPv4 suministra un esquema de direccionamiento jerárquico de 2 niveles que identifica cada puerto conectado a una red con una dirección de 32 bits.

Estas direcciones están compuestas por 2 partes:

- Una dirección de red.
- Una dirección de nodo.

Ejemplo: 192.160.0.126

Binaria	11000000	.	10100001	.	00000000	.	01111110
Decimal o de punto	192	.	168	.	0	.	126
			Red			.	Nodo

Estructura de clases

Clase A

- Primer octeto: 00000001 a 01111110
- Rango de direcciones clase A: 1.0.0.0 a 126.255.255.255
- Direcciones privadas (RFC 1918): 10.0.0.0 a 10.255.255.255
- Esquema: Red | Nodo . Nodo . Nodo

Clase B

- Primer octeto: 10000000 a 10111111

- Rango de direcciones clase B: 128.0.0.0 a 191.255.255.255
- Direcciones privadas (RFC 1918): 172.16.0.0 a 172.31.255.255
- Esquema: Red . Red | Nodo. Nodo

Clase C

- Primer octeto: 11000000 a 11011111
- Rango de direcciones clase C: 192.0.0.0 a 223.255.255.255
- Direcciones privadas (RFC 1918): 192.168.0.0 a 192.168.255.255
- Esquema: Red . Red . Red | Nodo

Clase D

- Direcciones de Multicast o Multidifusión.
- Primer octeto: 11100000 a 11101111
- Rango de direcciones clase D: 224.0.0.0 a 239.255.255.255

Clase E

- Direcciones de Investigación.
- Primer octeto: 11110000 a 11111111
- Rango de direcciones clase E: 240.0.0.0 a 255.255.255.255

Direcciones IPv4 reservadas

Se trata de direcciones que no pueden asignarse a dispositivos individuales.

- Direcciones de red.
- Dirección de broadcast dirigido.
- Dirección de broadcast local.
- Dirección de loopback local.
- Dirección IP de autoconfiguración.
- Dirección todos ceros.

Direcciones IPv4 Públicas

- Direcciones utilizadas para establecer comunicaciones a través de la red pública, es decir Internet.

Espacio de direccionamiento público:

- Clase A 1.0.0.0 a 9.255.255.255
  11.0.0.0 a 126.255.255.255

- Clase B 128.0.0.0 a 172.15.255.255
  172.32.0.0 a 191.255.255.255

- Clase C 192.0.0.0 a 192.167.255.255
  192.169.0.0 a 223.255.255.255

Direcciones IPv4 Privadas

Definidas en el RFC 1918

- IP Privadas Clase A 10.0.0.0 a 10.255.255.255
- IP Privadas Clase B 172.16.0.0 a 172.31.255.255
- IP Privadas Clase C 192.168.0.0 a 192.168.255.255

Protocolo ARP

- Permite resolver o mapear direcciones IP conocidas a direcciones MAC.
- 2 servicios:
  - Resolución de direcciones.
  - Mantenimiento de la información.
- Envía un mensaje ARP request en formato broadcast.
- El dispositivo que tiene la dirección IP que se busca genera un mensaje ARP reply en formato unicast.
- Con esta respuesta el dispositivo que originó la consulta construye y mantiene una tabla caché ARP que contiene el mapeo IP / MAC.
- El alcance de la operación del protocolo es el segmento de red local.
- Para conectarse a un dispositivo remoto es necesario que la trama sea tomada por el puerto de gateway para que sea enviada al dispositivo remoto.

```
C:\>arp -a
```

Muestra la tabla ARP vinculada a todas las interfaces de una terminal que utiliza sistema operativo Microsoft Windows.

```
Router#show ip arp
```

Comando de Cisco IOS que permite verificar la tabla ARP construida en un dispositivo.

Default Gateway

Cuando se implementa default gateway:

- Antes de enviar un paquete la terminal determina si la dirección de destino se encuentra o no en la red local.
- Si el nodo destino del paquete pertenece al mismo segmento de red, la entrega se realiza directamente y para esto se revisa la tabla ARP.
- Si el nodo destino del paquete pertenece a otro segmento de red el paquete debe ser enviado al gateway.
- La terminal encapsula el paquete utilizando la dirección MAC del gateway como dirección de destino en el encabezado de la trama.

Diagnóstico de problemas asociados con el direccionamiento IP

Comandos de diagnóstico

```
C:\>ping 201.45.8.8
C:\>tracert 201.45.8.8
C:\>arp -a
C:\>ipconfig /all
```

Procedimiento de diagnóstico básico

1. Ejecute un ping a la interfaz de loopback
2. Ejecute un ping al nodo local
3. Ejecute un ping al default gateway
4. Ejecute un ping al dispositivo remoto

Si la respuesta a la prueba del paso 4 NO es exitosa puede deberse a:

- Incorrecta configuración del default gateway en la terminal.
- Problemas en el enrutamiento hacia la red destino.
- Problemas en la red destino.
- Incorrecta configuración del dispositivo remoto.

Si se pasan exitosamente las 4 pruebas y aun así no es posible establecer una comunicación con el dispositivo remoto probable que haya algún problema en la resolución de nombres.

Direccionamiento IP versión 6

- Esquema de direccionamiento jerárquico que utiliza direcciones de 128 bits.

Características principales

- Direcciones de 128 bits.
- Expresadas con 32 dígitos hexadecimales.
- Utiliza un encabezamiento de capa de red simplificado.
- No utiliza broadcast.
- Incluye las prestaciones estándar de IPsec y Mobile IP.
- Implementa etiquetado de flujos de tráfico.
- Una interfaz física puede tener varias direcciones IPv6.

Representación de direcciones IPv6

- Están compuestas por 8 campos de 4 dígitos hexadecimales (16 bits).
- Se pueden suprimir los 0s iniciales.
- Campos sucesivos en 0 pueden ser suprimidos y reemplazados por ":".

```
2001 : 0ab1 : 0000 : 0000 : 09bc : 45ff : fe23 : 13ac
2001 :  ab1 :   0  :   0  :  9bc : 45ff : fe23 : 13ac
2001 :  ab1 :             :  9bc : 45ff : fe23 : 13ac
```

2001:ab1::9bc:45ff:fe23:13ac

Direcciones IPv6

- Direcciones de Unicast:
    - Direcciones globales.
    - Direcciones de link local. FE80::/10
    - Direcciones unique local. FC00::/7
    - Direcciones reservadas.
      ::1/128 Dirección de loopback.
      ::/128 Dirección no especificada.
- Direcciones de Anycast.
- Direcciones de Multicast. FF00::/8
- NO hay direcciones de broadcast en IPv6.

Asignación de direcciones IPv6

- Asignación estática:
    - Asignación manual de direcciones.
    - Asignación de direcciones utilizando ID EUI-64.
- Asignación dinámica.
    - Autoconfiguración stateless.
      RFC 2462.
    - DHCPv6.
      O autoconfiguración statefull.

EUI-64

- Procedimiento aplicado por Cisco IOS a sus interfaces para la generación de un identificador de interfaz en entornos Ethernet.

Un ejemplo:

Dirección MAC	001D.BA06.3764		
	001D.BA		06.3764
	021D.BA	FFFE	06.3764
ID EUI-64	0**2**1D:BA**FF:FE**06:3764		

Prefijo global IPv6: 2001:db8:ab1:1::/64

Dirección IPv6 unicast global: 2001:db8:ab1:1:021D:BAFF:FE06:3764

Identificador Privado de Interfaz.

- Procedimiento para derivar automáticamente un ID de interfaz de 64 bits utilizado por los sistemas en dispositivos terminales.
- Permite proteger la privacidad del usuario.
- Documentado en el RFC 3014.
- Este proceso genera un identificador de interfaz al azar utilizando una variable pseudo-random.
- La dirección generada de esta forma es regenerada en períodos de tiempo relativamente cortos.

Direcciones IPv6 de link local

- No son ruteables, tienen un alcance solamente local.
- Se crean automáticamente utilizando los prefijos FE80::/10 o FEB0::/10
- Se utilizan en múltiples procesos a nivel de infraestructura de la red.

Direcciones IPv6 unique local

- Son direcciones para utilizar dentro de una red específica.
- Son ruteables en un área limitada, como una red corporativa. No en Internet.
- Tiene una estructura de 4 niveles:
    - Un prefijo de 7 bits FC00::/7
    - Un identificador aleatorio de 41 bits.
    - Un ID de subred de 16 bits de longitud,
    - Un ID de interfaz de 64 bits.

Direcciones IPv6 globales de unicast

- Son las direcciones para establecer comunicaciones sobre Internet.
- Tiene una estructura de 3 niveles:
    - Un prefijo de enrutamiento global, de 48 bits.
    - Un ID de red local, generalmente de 16 bits de longitud.
    - Un ID de interfaz de 64 bits de longitud que puede ser asignado estática o dinámicamente.
- Esta estructura jerárquica permite la agregación de prefijos a nivel de los ISPs, lo que reduce la cantidad de entradas en las tablas de enrutamiento necesarias para mantener el enrutamiento global.
- El RFC 4291 especifica que inicialmente IANA utilizará el prefijo 2000::/3.

Direcciones IPv6 de multicast

- Una misma interfaz puede pertenecer a múltiples grupos diferentes al mismo tiempo.
- Son direcciones definidas por el prefijo FF00::/8.

Direcciones IPv6 de anycast

- Son direcciones que se asignan a una o más interfaces.
- Cuando se envía un paquete a una dirección de anycast, es ruteado a la interfaz más cercana de acuerdo a la métrica de enrutamiento.
- Son direcciones tomadas del espacio de direccionamiento de unicast.
- Se debe configurar expresamente la interfaz para que opere de esa manera.

Sintetizando

::/128	Reservada: IPv6 no especificada
::1/128	Reservada: IPv6 de loopback
2000::/3	Bloque para asignación de direcciones IPv6 globales RFC 4291
2001:DB8::/32	Prefijo reservado para documentación RFC 3849
FC00::/7	Direcciones unicast IPv6 unique local
FE80::/10	Direcciones unicast IPv6 local link
FF00::/8	Direcciones IPv6 multicast

Encabezado IPv6

<table>
<tr><td>1</td><td></td><td></td><td></td><td>32</td></tr>
<tr><td>Versión</td><td>Clase de Tráfico</td><td colspan="3">Etiqueta de Flujo</td></tr>
<tr><td colspan="3">Longitud de la Carga</td><td>Próximo encabezado</td><td>Límite de Saltos</td></tr>
<tr><td colspan="5">Dirección IP de origen</td></tr>
<tr><td colspan="5">Dirección IP de destino</td></tr>
<tr><td colspan="5">Datos</td></tr>
</table>

ICMPv6

- Protocolo del stack TCP/IP que implementa mensajes de control y gestión de la operación de capa de red.
- En entornos IPv6, ICMPv6 es la versión del protocolo que brinda soporte.
- Permite realizar operaciones de diagnóstico y reporte de problemas.
- Utiliza 2 tipos de mensajes: mensajes de error y mensajes de información.
- El paquete ICMP es transportado como contenido de un paquete IPv6 convencional.
- El paquete ICMPv6 tiene 4 campos específicos:
    - El campo tipo.
    - El campo código.
    - El campo checksum.
    - El campo datos.

Procedimiento para el descubrimiento de vecinos

Objetivos:

- Determinar la dirección de capa de enlace de un vecino.
- Encontrar un router en el mismo enlace.
- Detectar vecinos.
- Determinación de direcciones duplicadas.
- Renumerar.

Es esencial para el proceso de elaboración de la comunicación extremo a extremo y se asienta en la utilización de direcciones multicast específicas que reciben la denominación de "solicited-node".

Direcciones de multicast Solicited-Node

- Para cada dirección de unicast se genera una dirección multicast solicited-node.
- Las direcciones multicast solicited-node se conforman:
    - Prefijo FF02::1:FF/104
    - Los últimos 24 bits son los últimos 24 bits de la dirección de unicast asociada.

    - Sólo circulan dentro de un segmento y no son enrutadas.

- Cuando un nodo necesita descubrir la dirección MAC de un vecino utiliza esta dirección como dirección de destino de los mensajes neighbor solicitation.

- Estas direcciones utilizan como MAC un ID compuesto por los dígitos 33-33 en las primeras 16 posiciones y los últimos 32 bits de la dirección multicast.

```
Router# show ipv6 interface GigabitEthernet0/0
GigabitEthernet0/0 is up, line protocol is up
  IPv6 is enabled, link-local address is FE80::202:16FF:FE52:E601
  No Virtual link-local address(es):
  Global unicast address(es):
    2001:DB8:0:1:202:16FF:FE52:E601, subnet is 2001:DB8:0:1::/64
[EUI]
    2001:DB8:1:1::1, subnet is 2001:DB8:1:1::/64
  Joined group address(es):
    FF02::1
    FF02::2
    FF02::1:FF00:1
    FF02::1:FF52:E601
```

El procedimiento de descubrimiento de vecinos

- Generar un mensaje ICMPv6 tipo 135 (neighbor solicitation) dirigido a la dirección multicast solicited-node del destino.

- El nodo destino responde con un mensaje ICMPv6 tipo 136 (neighbor advertisement) dirigido a la IPv6 unicast que fue origen del mensaje tipo 135.

Autoconfiguración stateless

Los routers utilizan mensajes ICMPv6 tipo 134 (router advertisement).

- Destino FF02::1.

- Origen: dirección link-local del router.

- Contenidos: prefijos, tiempo de vida, etc.

El dispositivo que recibe el paquete tipo 134 enviado por el router lo utiliza para adoptar el prefijo /64 para asignar a la interfaz las porciones tanto de red global como local, los 64 bits del nodo los deriva automáticamente el dispositivo.

Una terminal cuando se inicializa envía también un mensaje ICMPv6 para solicitar información de configuración:

- Tipo 133 (router solicitation).

- Destino FF02::2.

- Los routers presentes en el segmento responden inmediatamente con un paquete tipo 134.

Lo desarrollado hasta este punto es una síntesis del temario del examen ICND1 creado con la intención de brindar una herramienta de repaso de esos temas.
Un desarrollo completo de estos temas puede encontrarse en el Apunte Rápido CCENT versión 6.1 que ya he publicado.

Implementación de subredes en redes IPv4

La implementación de subredes IPv4 es un tema que atraviesa tanto el examen ICND1 100-105, como el ICND2 200-105. Por este motivo la síntesis de lo estudiado en la preparación del primer examen la he reunido junto con los temas que se agregan en un único capítulo.

Sin embargo, recomiendo encarecidamente no quedarse únicamente con esta síntesis, sino repasar los materiales de preparación del examen 100-105 y hacer algunos ejercicios para recuperar esas habilidades.

Síntesis del temario del examen ICND1

Subred

- Cada subred se comporta como un dominio de broadcast.
- Se utiliza una herramienta denominada máscara de subred.
- La máscara de subred es un número binario de 32 dígitos que actúa como una contraparte de la dirección IP.
- Las posiciones de bits que se colocan en "0" son las que se utilizarán para identificar los nodos.
- Las posiciones que se colocan en "1" serán las que definan las subredes.

Un ejemplo:

Notación Binaria	10101100	.	00010000	.	00000010	.	01111110
Decimal	172	.	16	.	2	.	126
Sin Subredes	RED			.	NODO		
Máscara de Subred	11111111	.	11111111	.	11111111	.	00000000
Máscara de Subred	255	.	255	.	255	.	0
Con Subredes	RED			.	SUBRED	.	HOST

Dentro de cada subred se mantienen las reglas de direccionamiento:

- La dirección que en números binarios tiene todos 0s en los bits correspondientes al nodo es la dirección reservada de subred.
- La dirección que en notación binaria tiene todos 1s en los bits correspondientes al nodo es la dirección reservada de broadcast.
- Las restantes direcciones son las disponibles para asignar.

Variable-Length Subnet Mask (VLSM)

- Mecanismo que permite definir subredes de diferente tamaño.
- Requiere la implementación de protocolos de enrutamiento classless

2 técnicas básicas:

- VLSM – Máscara de Subred de Longitud Variable.
- CIDR – Enrutamiento entre Dominios Sin Clases.

Pre-requisitos para implementar VLSM:

- Utilizar protocolos de enrutamiento classless.
- Tener en cuenta el diseño topológico junto al diseño lógico.

Lo desarrollado en este punto es una síntesis del temario del examen ICND1 creado con la intención de brindar una herramienta de repaso de esos temas.
Un desarrollo completo de estos temas puede encontrarse en el Apunte Rápido CCENT versión 6.1 que ya he publicado.

Classless Interdomain Routing (CIDR)

Técnica que se aplica en sistemas de direccionamiento IPv4 que ignora la estructura de clases, utilizando solamente la máscara de subred y no ya las clases para determinar las porciones de red y de nodo en cada dirección.

Está relacionado con VLSM, pero es una técnica diferente. Cuando se implementa VLSM, se genera subredes dentro de subredes, permitiendo crear dominios de broadcast de diferentes tamaños dentro de una red y reducir así sensiblemente el desperdicio de direcciones IP.

CIDR por su parte, prescindiendo de las fronteras que introducen las clases de IPv4, permite representar conjuntos de redes o subredes utilizando una única dirección y máscara. De este modo posibilita reducir el tamaño de las tablas de enrutamiento y las listas de acceso, mejorando consecuentemente la performance de los dispositivos asociados.

Sumarización de rutas

Se utiliza una única dirección de red con una máscara de subred para identificar un conjunto de redes.

Un ejemplo permite entender mejor el concepto:

Una empresa de telecomunicaciones ha entregado 8 redes clase B a un proveedor de servicio de acceso a Internet para su uso.

Utilizando un esquema de direccionamiento classful, la empresa debería mantener 8 rutas para direccionar el tráfico de este proveedor de servicio, lo cual es redundante ya que el proveedor tiene un único punto de acceso a la red de la empresa.

En consecuencia, se puede sumarizar las 8 rutas a cada red clase B, en una única ruta con una máscara de subred diferente:

Rutas al ISP:

172.24.0.0/16	**10101100**	.	**00011**000	. 00000000	.	00000000
172.25.0.0/16	**10101100**	.	**00011**001	. 00000000	.	00000000
172.26.0.0/16	**10101100**	.	**00011**010	. 00000000	.	00000000
172.27.0.0/16	**10101100**	.	**00011**011	. 00000000	.	00000000
172.28.0.0/16	**10101100**	.	**00011**100	. 00000000	.	00000000
172.29.0.0/16	**10101100**	.	**00011**101	. 00000000	.	00000000
172.30.0.0/16	**10101100**	.	**00011**110	. 00000000	.	00000000
172.31.0.0/16	**10101100**	.	**00011**111	. 00000000	.	00000000
Máscara de Subred	**11111111**	.	**11111111**	. 00000000	.	00000000
	Red Sumarizada:		172.24.0.0/13			
	172	.	24	. 0	.	0
Máscara de Subred	**11111111**	.	**11111** 000	. 00000000	.	00000000

La ruta sumarizada es la que considera como ID del conjunto de redes todos los bits (y solamente aquellos bits) que tienen un valor idéntico en todas las redes del grupo.

Las ventajas de la sumarización de rutas son:

- Mayor eficiencia en el enrutamiento.
- Se reduce el número de ciclos de la CPU del router necesarios para recalcular u ordenar las entradas de las tablas de enrutamiento.
- Reduce los requerimientos de memoria RAM del router.

- Mayor estabilidad de las tablas de enrutamiento.

Características de los bloque de rutas

El proceso de sumarización de rutas al utilizar posiciones binarias, genera bloques de rutas expresadas en notación decimal que tienen características definidas:

- La amplitud del rango de redes sumarizadas, expresado en valores decimales, es siempre una potencia de 2.
  Por ejemplo: 2, 4, 8, 16...

- El valor inicial del rango decimal sumarizado es un múltiplo de la potencia de 2 utilizada como amplitud del rango.
  Por ejemplo, si es un rango de 8 redes, el valor inicial será 0, 8, 16, ,24...

2.3. Operación de dispositivos Cisco IOS

 Las abreviaturas y siglas utilizadas en este manual se encuentran desarrolladas en el Glosario de Siglas y Términos de Networking que está disponible en la Librería en Línea de EduBooks: https://es.scribd.com/document/292165924/Glosario-de-Siglas-y-Terminos-de-Networking-version-1-2

Síntesis del temario del examen ICND1

Cisco IOS

Las funciones básicas:

- La implementación de protocolos de red.
- La conmutación de tráfico entre dispositivos a alta velocidad.
- Seguridad en el control de acceso y bloqueo al posible uso no autorizado.
- Características de escalabilidad.
- Brinda confiabilidad en la conexión.

Componentes de Hardware de un dispositivo

- CPU o procesador.
- Motherboard.
- ROM.
- RAM.
- NVRAM.
- Memoria Flash.
- Disk.
- Interfaces.
  - LAN.
  - WAN.
  - Puertos consola, auxiliar y de management.

CPU		Ejecuta las instrucciones del sistema operativo incluyendo la inicialización del sistema.
Memoria		Almacena:
	ROM	POST. Bootstrap. Monitor de ROM.
	RAM	Imagen del sistema operativo en ejecución (IOS). Archivo de configuración. Tablas de enrutamiento. Tabla ARP. Buffers de paquetes.
	NVRAM	Archivo de configuración de respaldo. Registro de configuración.
	Flash	Imagen del sistema operativo.
Bus		
	Bus del Sistema	Comunica la CPU con las interfaces y las ranuras de expansión.
	Bus de CPU	Comunica la CPU con los componentes de almacenamiento.
Interfaces		Conectan el dispositivo a las diferentes redes.
	LAN	Permiten conectar el router a diferentes tecnologías LAN.
	WAN	Integran el dispositivo con diferentes redes WAN.
	USB	Permite agregar una memoria Flash al dispositivo.
	Puerto Manag.	No son puertos de networking. Son puertos utilizados exclusivamente para acceder al plano de gestión.
	Puerto Consola	
	Puerto Auxiliar	
Fuente de alimentación		Proporciona la energía necesaria para operar los diferentes componentes.

Modos

Modo monitor de ROM

- Arranque manual del dispositivo.
- Procesos de recuperación de claves.

- Solo es accesible a través de una conexión de consola.

Modo Setup o Inicial

- Permite realizar una configuración en modo asistido utilizando un asistente que guía.
- Ofrece 2 posibilidades: setup básico y setup extendido.
- Puede ser invocado desde el modo EXEC utilizando el comando `setup`.
- Se puede interrumpir ingresando `no` en la pregunta inicial o presionando `Ctrl+C`.

Modo EXEC

- Las sesiones EXEC se encuentran divididas en 2 modos. Modo EXEC usuario y modo EXEC privilegiado.
- Cada uno de los modos de operación de IOS puede identificarse por el prompt del sistema operativo:

Modo monitor de ROM	`rommon>`
Modo EXEC usuario	`Router>`
Modo EXEC privilegiado	`Router#`

La línea de comando (CLI) de Cisco IOS

- Medio utilizado para ingresar comandos en los dispositivos:
- Su operación varía en diferentes dispositivos de red.
- Los usuarios puedes ingresar comandos o, copiarlos y pegarlos en la consola.
- Cada uno de los modos utiliza diferente prompt.
- El ingreso del comando [Enter] indica al dispositivo que debe interpretar el comando y ejecutarlo inmediatamente.

Comandos de ayuda

- Menú de ayuda contextual.
- Comandos de edición.
- Mensajes de error.
- Avisos de cambio de estado en línea.

Comandos de edición

`[Ctrl]+ A`	[ahead] Desplazarse al comienzo de la línea de comando.
`+ E`	[end] Desplazarse al final de la línea de comando.
`+ B`	[back] Desplazarse un carácter hacia atrás.
`+ F`	[forward] Desplazarse un carácter hacia adelante.
`+ P / ↑`	[previous] Trae el comando que se ingresó antes.
`+ N / ↓`	[next] Trae al prompt el comando que se ingresó después.
`+ Z`	Concluye el modo configuración y regresa a privilegiado.
`+ C`	Sale del modo setup. Interrumpe el comando en ejecución.
`[Retroceso]`	Borra un carácter a la izquierda del cursor.
`[Tab]`	Completa un comando introducido parcialmente.
`[Ctrl][Shift][6]`	Interrumpe un proceso de IOS como el ping o el trace.

Comandos vinculados al historial

- Se mantienen dos buffers diferentes: uno para EXEC y otro para el modo de configuración.

```
Router#show history
Router#terminal history size [líneas]
```

Para navegar el historial de comandos:

```
Router#[Ctrl] + P
Router#[Ctrl] + N
```

Mensajes de error en el ingreso de comandos:

- Se identifican por estar precedidos por el signo porcentual (%).

```
Router#cl
% Ambiguous command:  "cl"
Router#clock
% Incomplete command.
Router#clock sot
               ^
% Invalid input detected at '^' marker.
Router#clack
Translating "clack"...domain server (255.255.255.255)
Translating "clack"...domain server (255.255.255.255)
```

```
(255.255.255.255)% Unknown command or computer name, or unable to
find computer address
```

Modo de configuración global

- Permite acceder a los comandos de configuración de todo el dispositivo.
- Abre diferentes submodos para las diferentes tareas de configuración.
- No son accesibles directamente los comandos `show` y `copy`.

```
Switch>enable
Switch#configure terminal
Enter configuration commands one per line. End with CNTL/Z.
Switch(config)#_
Switch(config)#interface fastethernet 0/0
Switch(config-if)#exit
Switch(config)#_
Switch(config-if)#Ctrl + Z
Switch#_
```

Claves de acceso

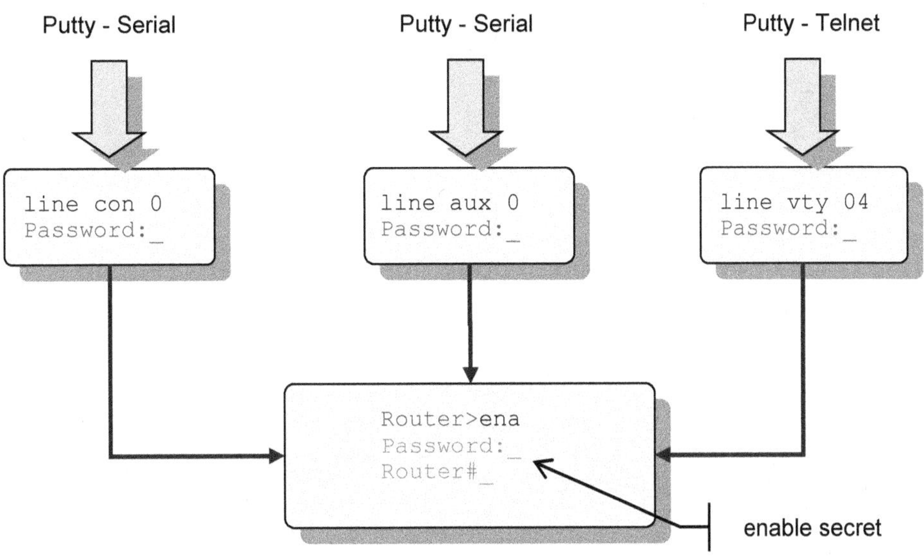

Seguridad en el acceso a modo privilegiado

```
Router#configure terminal
Router(config)#enable password Cisco123
Router(config)#enable secret Sisco
LAB_A(config)#service password-encryption
Router(config)#end
```

Seguridad en el acceso a la consola

```
Router(config)#line console 0
Router(config-line)#login
Router(config-line)#password cisco
Router(config-line)#exec-timeout 5 0
Router(config-line)#logging synchronous
Router(config-line)#exit
Router(config)#
```

Seguridad en el acceso remoto

```
Router(config)#line vty 0 4
Router(config-line)#login
Router(config-line)#password cisco
Router(config-line)#exec-timeout 5 0
Router(config-line)#exit
```

Configuración de SSH para el acceso remoto

```
Router(config)#hostname LAB_A
LAB_A(config)#username cisco secret cisco
LAB_A(config)#ip domain-name mydomain.com
LAB_A(config)#crypto key generate rsa modulus 1024
LAB_A(config)#ip ssh version 2
LAB_A(config)#line vty 0 4
LAB_A(config-line)#login local
LAB_A(config-line)#exec-timeout 5 0
LAB_A(config-line)#transport input ssh
LAB_A(config-line)#end
```

Comandos de verificación

```
Router#show ip ssh
Router#show ssh
```

Asociación de una ACL al acceso remoto

```
Router(config)#access-list 10 permit 172.16.100.0 0.0.0.255
Router(config)#access-list 10 deny any log
Router(config)#line vty 0 4
Router(config-line)#access-class 10 in
```

Configuración de un mensaje en el acceso

```
Router#configure terminal
Router(config)#banner login "Acceso permitido solo a usuarios"
Router(config)#banner exec "SOLO ACCESO AUTORIZADO"
```

Comandos show:

- Permiten verificar y monitorear el estado de configuración y operación de diferentes componentes.

Comandos para la visualización de los archivos de configuración

```
Switch#show startup-config
Switch#show running-config
Current configuration:
!
version 15.1
...

Switch#show running-config | include hostname
Current configuration:
!
version 15.1

hostname LAB_A
```

Parámetros para el filtrado del resultado de los comandos show

```
Switch#show running-config | begin xxxxx
Switch#show running-config | exclude xxxxx
Switch#show running-config | include xxxxx
Switch#show running-config | section xxxxx
```

Comando para visualización de la memoria flash

```
Router#show flash
```

Comandos para la visualización de las interfaces

```
Router#show interfaces GigabitEternet 0/1
```

Posibles resultados de la primera línea de show interfaces

```
Serial0/0/0 is ______, line protocol is ______

Serial0/0/0 is administratively down, line protocol is down
Serial0/0/0 is down, line protocol is down
Serial0/0/0 is up, line protocol is down
Serial0/0/0 is up, line protocol is down (disabled)
Serial0/0/0 is up, line protocol is up

Router#show ip interfaces brief

Interface             IP-Address      OK? Method Status       Protocol
GigabitEthernet0/0    172.16.2.1      YES NVRAM   up             up
Loopback0             10.50.0.3       YES NVRAM   up             up
Serial0/0/0           unassigned      YES manual  up             up
Serial0/0/0.20        172.16.100.6    YES manual  down           down
Serial0/0/0.21        172.16.100.10   YES manual  up             up
Serial0/0/1           unassigned      YES NVRAM   admin. down    down
```

Configuración de conectividad básica IPv6

```
Router# configure terminal
```

```
Router(config)#ipv6 unicast-routing
Router(config)#interface GigabitEthernet0/0
Router(config-if)#ipv6 enable
Router(config-if)#ipv6 address 2001:db8:0:1::10/64
Router(config-if)#ipv6 address autoconfig
Router(config-if)#ipv6 address autoconfig default
```

Verificación de la conectividad IPv6

```
Router#ping 2001:db8:0:1::10
Router#traceroute 2001:db8:0:1::10
Router#telnet 2001:db8:0:1::10
Router#show ipv6 interface brief
Router#show ipv6 interface GigabitEthernet0/0
Router#show ipv6 route
Router#show ipv6 neighbors
```

El sistema de archivos de Cisco IOS

- Brinda una interfaz para la gestión de todos los archivos con los que se opera.

```
Router#show file systems
```

Gestión del archivo de configuración

2 archivos de configuración:

- El archivo de configuración de respaldo o "startup-config".
- Archivo de configuración activo o "running-config".

El comando copy

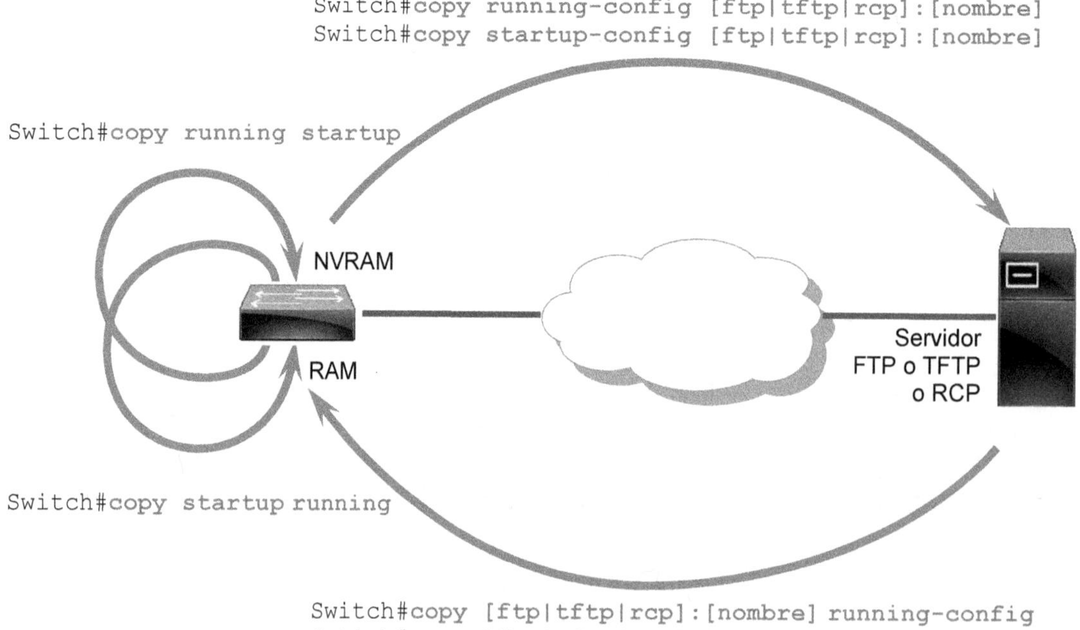
Switch#copy running-config [ftp|tftp|rcp]:[nombre]
Switch#copy startup-config [ftp|tftp|rcp]:[nombre]
Switch#copy running startup
NVRAM
RAM
Servidor
FTP o TFTP
o RCP
Switch#copy startup running
Switch#copy [ftp|tftp|rcp]:[nombre] running-config
Swtich#copy [ftp|tftp|rcp]:[nombre] startup-config

Licenciamiento de dispositivos Cisco IOS

- Los dispositivos Cisco son despachados de fábrica con la imagen de software correspondiente pre-instalada, así como las licencias permanentes que corresponden al paquete de prestaciones que se solicitó en la orden de compra.

- Adicionalmente tiene pre-instaladas licencias de evaluación (temporales) para los demás features soportados.

```
Router#show license
```

Para activar de modo permanente un paquete de software en un router se debe seguir el siguiente procedimiento:

1. Adquirir el producto que se desea instalar. Como resultado de la compra se recibirá un PAK.

2. Obtener el archivo de licencia por alguna de estas vías:

    - Utilizando Cisco License Manager.

    - Accediendo en línea al Cisco License Registration Portal.

3. Utilizar la CLI para instalar las licencias.

Para obtener la licencia se le requerirá el UDI.

```
Router#show license udi
Device#  PID             SN              UDI
--------------------------------------------------------------
*0       CISCO2901/k9    FCG3467G5DX     CISCO2901/k9:FCG3467G5DX
```

Licenciamiento de IOS 15.x

- Utiliza imágenes universales que contienen la totalidad de los features disponibles para una plataforma.

- Para obtener nuevos features no es necesario actualizar la imagen de sistema operativo, sino cargar las licencias correspondientes.

Paquetes de IOS 15.0:

- IP Base (ipbasek9).

- Data (datak9).

- Unified Communications (uck9).

- Security (securityk9).

```
Router#show license feature
```

Instalación de licencias permanentes

```
Router#license install fash:uck9-2900-SPE150_K9-FHH11253557.xml
Router#reload
Router#show versión
```

Instalación de licencias de evaluación

Para activar estas licencias se debe utilizar el siguiente procedimiento:

```
Router#license boot module c2900 technology-package uck9
Router#reload

Router#show license
```

Respaldo de las licencias

```
Router#license save flash:all_licenses.lic
```

Desinstalación de las licencias

```
Router#license boot module c2900 technology-package uck9 disable
Router#reload

Router#license clear uck9

Router#no license boot module c2900 technology uck9 disable
Router#reload
```

Nombre de las imágenes de IOS

- Cisco utiliza una convención de nombres para la denominación de las imágenes de IOS.

C2900-universalk9-mz.SPA-152-4.M1.bin

C2900	Plataforma de hardware. Ej: Router Cisco 2900.
universalk9	Conjunto de prestaciones. Ej: imagen única y universal
mz	Formato del archivo. m = Se corre desde la RAM. z = Comprimido.
SPA	Imagen de software firmada digitalmente.
152-4.M1	Versión. Ej: 15.2 (4)M1
bin	Extensión del archivo. Ej: Archivo binario, ejecutable.

Creación de una copia de seguridad

1. Asegúrese que es posible acceder al servidor TFTP desde el dispositivo.
2. Verifique que el servidor TFTP tenga espacio suficiente para almacenar la imagen de IOS.
3. Copia la imagen de IOS en el servidor TFTP utilizando el comando copy.

```
Router#copy flash0: tftp:
```

Actualización de la imagen de IOS

1. Descargue esa imagen de la página de Cisco y guárdela en el servidor TFTP.
2. Asegúrese que es posible acceder al servidor TFTP desde el dispositivo a actualizar.
3. Asegúrese contar con suficiente espacio en la memoria flash del dispositivo para almacenar la nueva imagen.
4. Copie la imagen de IOS desde el servidor TFTP.
5. Una vez concluida la copia defina la nueva imagen como imagen a cargar durante el próximo inicio del dispositivo utilizando el comando boot system.
6. Reinicie el equipo.

```
Router#copy tftp: flash0
Router#configure terminal
Router(config)#boot system flash0://c2900-universalk9-mz.SPA.152bin
Router(config)#exit
Router#copy running-config startup-config
Router#reload
```

Metodología de diagnóstico y resolución de fallos

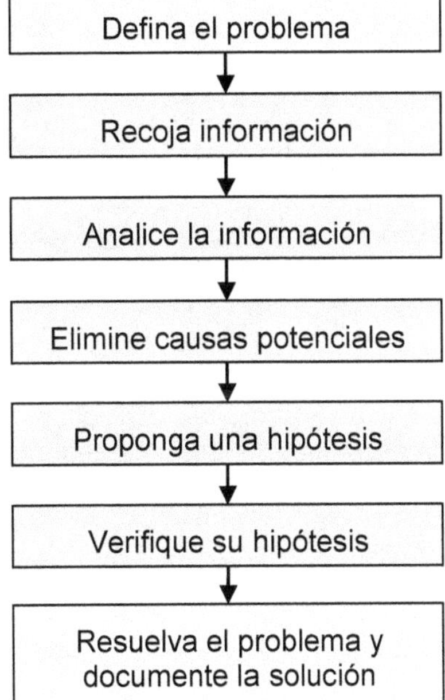

Shoot-from-the-hip

- Es un método de trabajo no-estructurado particularmente útil en el caso de operadores con experiencia.
- Se propone una hipótesis para verificar si eso resuelve el problema.
- Puede convertirse en un proceso de azar si no está guiado por la experiencia y conocimiento.

Métodos de trabajo estructurado

- Se basan en la definición de capas del modelo OSI.
    - Top-down
    - Bottom-up
    - Dividir y conquistar

Herramientas de diagnóstico

Prueba de conexiones utilizando ping

```
Router#ping [protocol] [host | address]
Router#ping [destino] source [interfaz]

Router#ping
Protocol [ip]:
Target IP address: 172.16.1.1
Repeat count [5]:10
Datagram size [100]:
Timeout in seconds [2]:
Extended commands [n]: y
Source address or interface: 172.16.1.100
Type of service [0]:
Set DF bit in IP header? [no]:
Validate reply data? [no]:
Data pattern [0xABCD]:
Loose, Strict, record, Timestamp, Verbose [none]:
Sweep range of sizes [n]:
Type escape sequence to abort.
Sending 10, 100-byte ICMP Echos to 172.16.1.1, timeout is 2
seconds:
!!!!!!!!!!
Success rate is 100 percent (10/10), round-trip min/avg/max =
32/34/36 ms
```

Prueba para el descubrimiento de rutas

- Se envían 3 paquetes UDP al destino, utilizando los puertos 33434 (el primer paquete), 33435 (el segundo paquete) y 33436 (el tercer paquete).

* El proceso se inicia enviando primero una secuencia de paquetes UDP con TTL = 1.
* A partir de allí se va incrementando el valor del campo TTL de uno en uno hasta llegar al destino o al límite de 30 saltos.

```
Router#traceroute [protocol] [destination]

Router#traceroute [destino] source [interfaz]
```

Prueba de conectividad completa extremo a extremo

* De utiliza el protocolo Telnet.
* Su ejecución exitosa asegura conectividad completa extremo a extremo.
* Se puede modificar el puerto destino para verificar si el dispositivo destino efectivamente tiene habilitado el puerto que se busca.

```
Router#telnet [destino]
Router#telnet [destino] [Puerto]
```

Secuencia o rutina de Inicio

Cuando se enciende un dispositivo:

* Se ejecutan las rutinas de verificación inicial del hardware:
    * Se ejecuta el POST del dispositivo desde la ROM.
* Se ejecutan las rutinas de inicio que concluyen con la carga del sistema operativo.
    * Carga el Bootstrap.
    * Carga el Monitor de ROM y lo ejecuta.
    * El Monitor de ROM revisa el campo de booteo del registro de configuración.
    * Descomprime y carga la imagen del sistema operativo a la RAM y la ejecuta desde allí.
* Busca un archivo de configuración almacenado en la NVRAM y lo aplica.
* Busca un archivo de configuración válido.
    * Si encuentra un archivo válido en la NVRAM lo carga en la RAM y ejecuta.
    * Si no encuentra un archivo de configuración válido y detecta un enlace activo realiza una búsqueda TFTP.

- Si no encuentra un archivo de configuración ingresa en el modo setup.

El Registro de Configuración

- Registro de 16 bits que contiene las instrucciones básicas para el arranque del dispositivo.
- Se expresa en nomenclatura hexadecimal: 0x2102
- Valor por defecto en routers: 0x2102
- Los últimos 4 bits indican el modo en que el dispositivo debe localizar la imagen de sistema operativo.

Valores más frecuentes:

- 0x2100
  El router no carga una imagen de IOS.
- 0x2101
  El dispositivo debe iniciar utilizando la imagen de IOS en la ROM.
- 0x2102 a 0x210F
  El router debe cargar los comandos boot system.
  Si no hay comando boot system, se lee la primer imagen válida en la flash.
- 0x2142
  El router debe examinar los comandos boot systems pero ignorar la configuración almacenada en la NVRAM.

Modificación del registro de configuración

```
Router#configure terminal
Router(config)#config-register 0x2102

Router(config)#boot system flash:c2900-universalk9-mz.bin
Router(config)#boot system tftp:\10.16.1.1\c2900-universalk9-mz.bin
```

Verificación del valor del registro de configuración

```
Router#show version
```

Copia de resguardo de la imagen de Cisco IOS

```
Router#copy tftp:c2900-universalk9-mz.bin flash:

Router#copy flash: c2900-universalk9-mz.bin tftp:
```

Procedimiento para recuperación de claves

Este procedimiento se base en varios conceptos básicos de IOS:

- Los dispositivos Cisco IOS no utilizan claves por defecto.
- Las claves que aseguran el acceso están contenidas en el archivo de configuración.
- Si es posible interrumpir la rutina de inicio del dispositivo, entonces se puede cargar el sistema operativo, no cargar el archivo de configuración, ingresar al modo privilegiado y luego cargar el archivo de configuración.

Procedimiento de recuperación de claves en routers ISR

- Reinicie el dispositivo.
- Interrumpa la secuencia de arranque utilizando la combinación de teclas Ctrl+Break.
- Cambie el registro de configuración de modo tal que al arrancar no lea el archivo de configuración: `rommon 1>confreg 0x2142`
- Reinicie el router.
- El router arrancará normalmente, cargará el sistema operativo y al no cargar un archivo de configuración válido ingresará al modo setup.
- Salga del modo setup e ingrese al modo privilegiado.
- Copie la configuración de la NVRAM a la RAM. De este modo recupera la configuración original del dispositivo.
- Ingrese a modo configuración y cambie la clave de acceso a modo privilegiado.
- Regrese el registro de configuración a su valor original.
- Grabe en la startup-config los cambios realizados.

CDP Cisco Discovery Protocol

- Protocolo propietario de Cisco que opera en la capa de enlace de datos.
- Protocolo de descubrimiento de dispositivos vecinos o adyacentes.
- Todas las interfaces son CDP activas por defecto.
- Se propaga en formato de broadcast de capa 2.

- Información que recoge:
    - Identificador del dispositivo.
    - Lista de direcciones de capa de red.
    - Identificador de puerto local y remoto.
    - Lista de capacidades.
    - Plataforma.

Comandos CDP

```
Router#show cdp
Global CDP information:
        Sending CDP packets every 60 seconds
        Sending a holdtime value of 180 seconds

Router#configure terminal
Router(config)#cdp run
Router(config)#no cdp run

Router(config)#interface serial 0/0/0
Router(config-if)#cdp enable
Router(config-if)#no cdp enable
Router(config-if)#exit

Router(config)#cdp timer 90
Router(config)#cdp holdtime 270

Router#clear cdp counters
Router#clear cdp table
```

Monitoreo de información CDP

```
Router#show cdp ?
entry      Information for specific neighbor entry
interface  CDP interface status and configuration
neighbors  CDP neighbor entries
traffic    CDP statistics
<cr>

Router#show cdp neighborg
Router#show cdp entry [ID del dispositivo]
Router#show cdp entry *
Router#show cdp neighborg detail
Router#show cdp traffic
Router#show cdp interface [tipo] [ID]
```

Utilización de LLDP

- Protocolo estándar definido por la IEEE bajo el rótulo IEEE 802.1AB.
- Permite que los dispositivos compartan información de sí mismos con otros dispositivos de la red.
- Opera sobre la capa de enlace de datos.
- Sólo permite solicitar información de otros dispositivos que corren el mismo protocolo.

Configuración de LLDP

- 2 niveles de activación: global y por interfaz.
- Debe activarse globalmente primero, para luego activarlo en cada interfaz.
- Se soporta solamente en interfaces físicas.
- Puede descubrir hasta 1 dispositivo por puerto.
- Puede detectar servidores Linux.

```
Router#configure terminal
Router(config)#lldp run
Router(config)#interface GigabitEthernet 0/1
Router(config-if)#lldp transmit
Router(config-if)#lldp receive
```

 Lo desarrollado hasta este punto es una síntesis del temario del examen ICND1 creado con la intención de brindar una herramienta de repaso de esos temas.
Un desarrollo completo de estos temas puede encontrarse en el Apunte Rápido CCENT versión 6.1 que ya he publicado.

Conexión al dispositivo

En este sentido, se cuenta con 3 vías de acceso posibles:

- El puerto consola.
- El puerto auxiliar.
- Los puertos virtuales.

Estas 3 formas de acceso no siempre están disponibles en todos los modelos. Por ejemplo, los switches Catalyst 29xx no cuentan con un puerto auxiliar.

Cuando un switch con Cisco IOS se enciende por primera vez, cuenta con una configuración por defecto que es suficiente para que inicie operaciones básicas de capa 2. En comparación, un router Cisco IOS al encenderse por primera vez cuenta con una configuración por defecto que no es suficiente para su operación básica.

Síntesis del temario del examen ICND1

Acceso por el puerto consola

- Conexión física: cable consola (rollover) con conector RJ-45 desde un puerto COM.
- Programa de emulación de terminal:
    - 9600 baudios.
    - Bits de datos: 8.
    - Paridad ninguna.
    - Bit de parada 1.
    - Control de flujo ninguno.
- Por defecto no requiere clave de acceso.

Lo desarrollado en este punto es una síntesis del temario del examen ICND1 creado con la intención de brindar una herramienta de repaso de esos temas.
Un desarrollo completo de estos temas puede encontrarse en el Apunte Rápido CCENT versión 6.1 que ya he publicado.

Terminal Remota por Módem Telefónico

- Conexión física: cable consola con conector RJ-45 desde un módem telefónico al puerto auxiliar del dispositivo.
- Se necesita un módem telefónico de 14.400 bps.
- Requiere la utilización de un programa de emulación de terminal (p.e. Putty).
    - 9600 baudios.
    - Bits de datos.
    - Paridad ninguna.
    - Bit de parada 1.

    - Control de flujo por hardware.

- Por defecto no requiere clave de acceso.

Terminales Virtuales

Una vez que se ha realizado la configuración básica es posible acceder al management a través de la dirección IP del dispositivo.

- Conexión física: se accede desde una terminal conectada a la red en cualquier punto de la misma.

- Requiere que al menos la interfaz por la que se desea acceder esté configurada y accesible a través de la red.

- Por defecto requiere clave.

- Estas terminales virtuales permiten acceder:

    - Utilización Telnet.

    - Utilizando SSH.

Consola	Auxiliar	Terminal Virtual
En el router: Puerto CON	En el router: Puerto AUX	En el router: Puerto de red
En la terminal: Puerto COM o USB	Módem telefónico	En la terminal: Puerto Ethernet.
Cable Consola	Cable Consola	Cable derecho.
No solicita clave por defecto	No solicita clave por defecto	Solicita clave por defecto.
Programa de emulación de terminales.	Programa de emulación de terminales.	Telnet, SSH.
Out of Band.	Out band.	In Band.

2.4. Conmutación LAN

Las abreviaturas y siglas utilizadas en este manual se encuentran desarrolladas en el Glosario de Siglas y Términos de Networking que está disponible en la Librería en Línea de EduBooks: https://es.scribd.com/document/292165924/Glosario-de-Siglas-y-Terminos-de-Networking-version-1-2

Síntesis del temario del examen ICND1

Dominios de colisión y dominios de broadcast

- Dominios de Colisión.
  Segmento de red que comparte el ancho de banda disponible entre múltiples dispositivos terminales.
  En este sentido es deseable reducir el tamaño de los dominios de colisión, para lo cual se deben utilizar dispositivos que operan en la capa 2.

- Dominios de Broadcast.
  Porción de red en la que, a pesar de que pudo haber sido segmentada en capa 2 es aún una unidad a nivel de capa 3 por lo que un paquete de broadcast es transmitido a todos los puertos conectados.
  Para dividir dominios de broadcast es necesario implementar VLANs o dispositivos que operan en la capa 3.

Características básicas de un switch

- Alta densidad de puertos.
- Gran disponibilidad de buffers de memoria para las tramas.
- Alta velocidad de los puertos.
- Conmutación interna más rápida.

Los switches permiten:

- Conectar segmentos de LAN aislando las colisiones.
- Establecer comunicaciones dedicadas entre dispositivos.
- Sostener múltiples conversaciones simultáneas.
- Adaptar la velocidad de transmisión a cada equipo terminal.

Operaciones básicas de un switch

- Conmutación de tramas
- Mantenimiento de operaciones
    - Aprendizaje de direcciones MAC
    - Resolución de bucles de capa 2.

Procesamiento de las tramas Ethernet:

1. Cuando se recibe una trama unicast se compara la MAC de destino con las direcciones contenidas en la tabla de direcciones MAC.
2. Si la dirección MAC de destino se encuentra en el mismo segmento que el origen, no reenvía la trama. "Filtering".
3. Si la dirección MAC de destino no está en el mismo segmento que el origen, la trama se reenvía.
4. Si la dirección MAC de destino no se encuentra en la tabla de direcciones MAC la trama se reenvía por todos los puertos excepto aquel a través del cual se ha recibido. "Flooding".

Instalación del switch

- Verificar los requerimientos de alimentación eléctrica y circulación de aire.
- Posibilidades diferentes de montaje físico:
    - Montado en un rack.
    - Montado directamente en una pared.
    - Montado en una mesa o estante.
- Verificar el cableado de red.
- Conectar el cable de energía eléctrica para que el dispositivo inicie.

LEDs indicadores del switch

- LED de sistema.
  Muestra el estado general del dispositivo.
- LED de fuente redundante.
  Manifiesta el estado de una fuente de alimentación externa.
- Port Stat.
  Indica que los LEDs de puerto permiten verificar el estado de cada puerto.

- LED indicador de dúplex.
  Indica que los LEDs de puerto manifiestan el modo en que está operando cada puerto.

- LED indicador de la velocidad.
  Cuando está encendido indica que los LEDs de puerto indican velocidad en la que opera el mismo.

- LED indicador de PoE.
  En aquellos switches con soporte PoE manifiesta que los LEDs de puerto indican el suministro o no de energía.

- Botón de modo.
  Permite alternar cíclicamente el significado de los LEDs de puerto colocando alternativamente en verde los LEDs de estado, dúplex, velocidad y PoE.

Configuración básica del switch Catalyst 2960

Configuración de acceso de gestión y claves de acceso.

```
Switch>enable
Switch#configure terminal
Enter configuration commands, one per line.  End with CNTL/Z.
Switch(config)#username xxxxx password 0 xxxxx
Switch(config)#ip domain-name mydomain.com
Switch(config)#crypto key generate rsa
Switch(config)#ip ssh version 2
Switch(config)#line vty 0 15
Switch(config-line)#login local
Switch(config-line)#transport input ssh
Switch(config-line)#exit
Switch(config)#line con 0
Switch(config-line)#login
% Login disabled on line 0, until 'password' is set
Switch(config-line)#password [clave]
Switch(config-line)#exit
Switch(config)#enable secret [clave]
Switch(config)#service password-encryption
Switch(config)#ip http server
```

Configuración del nombre del dispositivo.

```
Switch(config)#hostname Swtich_2960
```

Configuración de una dirección IP.

```
Switch_2960(config)#interface vlan1
Switch_2960(config-if)#ip address 172.16.5.2 255.255.255.0
Switch_2960(config-if)#no shutdown
Switch_2960(config-if)#exit
Switch_2960(config)#ip default-gateway 172.16.5.1
```

Configuración de interfaces.

```
Switch_2960(config)#interface FastEthernet 0/1
Switch_2960(config-if)#duplex full
Switch_2960(config-if)#speed 100
Switch_2960(config-if)#description puerto servidor 2
```

Comandos de monitoreo

```
Switch_2960#show ip interface brief
Switch_2960#show mac-address-table
Switch_2960#clear mac-address-table
Switch_2960#show interface status
Switch_2960#show running-config
Switch_2960#show version
Switch_2960#show flash
```

Optimización de performance de la red conmutada

Conexiones dúplex

Half Dúplex

- Utiliza un único circuito compartido para mantener comunicaciones bidireccionales.
- La comunicación es alternadamente en un sentido u otro.
- Performance baja debido a que cada extremo para transmitir debe aguardar su turno.
- Requiere la implementación de CSMA/CD.

Full Dúplex

- Utiliza 2 circuitos para conectar a transmisor y receptor: uno se utiliza para enviar información, el otro para recibir.
- Cada dispositivo terminal puede enviar y recibir simultáneamente.
- Mejora la performance de la comunicación.
- CSMA/CD se encuentra desactivado.
- Sólo permite conexiones punto a punto y requiere que se soporte el modo full dúplex tanto en el transmisor como en el receptor.

Configuración de condiciones de dúplex y velocidad:

```
SwitchCore(config)#interface FastEthernet 0/1
SwitchCore(config-if)#duplex full
SwitchCore(config-if)#speed 100
```

```
SwitchCore(config-if)#description puerto servidor 2
```

Comandos de verificación:

```
SwitchCore#show interfaces FastEthernet 0/1
```

Opciones por defecto

- Interfaces 100Base-FX — 100 Mbps / Full dúplex. No puede auto negociar
- Interfaces Fast y GigabitEthernet — Auto negociar. Si opera a 1 Gbps sólo full dúplex

Diseño de la red corporativa

- El modelo jerárquico de tres capas es una propuesta conceptual de alto nivel.
- En redes complejas o de campus usualmente se encuentran las tres capas del modelo.
- En redes más pequeñas o acotadas a un solo edificio lo usual es contar con solamente 2 capas: distribución y acceso.

Capa de Acceso.

- Función primordial: brindar servicios de red a los equipos terminales.
- Los equipos terminales están directamente conectados a los puertos de los switches capa 2.
- Se realiza la asignación o división de VLANs.
- Debe proporcionar:
    - Conectividad a los dispositivos de usuario final.
    - Estabilidad y seguridad.
    - Soporte para el despliegue de tecnologías avanzadas como voz y video.

Capa de Distribución.

- Responsable de brindar conectividad basada en políticas.
- Es un punto de redistribución entre dominios de enrutamiento.
- Terminan las VLANs y a partir de aquí son enrutadas.
- Se implementan políticas de tráfico, tales como selección de rutas, filtrado de tráfico, QoS etc.

- Proporciona:
  - Enrutamiento y manipulación de los paquetes.
  - Escalabilidad.

Capa Core o Núcleo.

- Responsable de reenviar tráfico a alta velocidad entre diferentes áreas de la red.
- Aquí se interconectan los dispositivos de capa de distribución.
- Exige alta velocidad de conmutación, densidad de puertos y resistencia a fallos.
- No se implementan políticas.

Una red diseñada deficientemente tiene múltiples consecuencias:

- Dominios de broadcast grandes y extendidos.
- Es más complejo de administrar y de brindar soporte.
- Es probable que no se haya atendido suficientemente los requerimientos de seguridad.
- Al no definir claramente fronteras de capa 2 y capa 3 los dominios de fallos son más complejos de definir.

Consideraciones de diseño

- Cada switch tiene una capacidad limitada para soportar VLANs.
- La VLAN 1 es la VLAN Ethernet por defecto.
- Cambiar la VLAN nativa de los troncales a una VLAN que no esté en uso.
- Asegurarse que ambos extremos de los enlaces troncales utilicen la misma VLAN nativa.

Prácticas recomendadas

- Contar con una VLAN dedicada exclusivamente a la gestión de los dispositivos.
- Mantener el tráfico de gestión en una VLAN separada.
- Desactivar la negociación de DTP.

Enrutamiento entre VLANs

Requerimientos:

- Que cada VLAN está mapeada a una subred diferente.
- Que un dispositivo de capa 3 enrute entre ambas subredes.

3 mecanismos básicos:

- Enrutar en un router utilizando interfaces diferentes para cada VLAN.
- Enrutar en un router utilizando subinterfaces para cada VLAN es una única interfaz física (router on-stick).
- Enrutar en un switch capa 3.

Enrutamiento utilizando una interfaz de router por cada VLAN

- Cada VLAN a enrutar requiere una interfaz física tanto en el router.
- El router tiene todas las subredes (VLANs) como directamente conectadas y puede enrutar entre ellas sin información adicional.
- Es poco escalable.

Configuración de un "router on stick"

- Utiliza un enlace troncal para transportar el tráfico de las VLANs hasta el router.
- Se implementan subinterfaces en el router.
- Resuelve el enrutamiento de todas las VLANs utilizando un solo puerto del switch y un solo puerto del router.
- El router tiene todas las subredes (VLANs) como directamente conectadas y puede enrutar entre ellas sin ninguna información adicional.
- Cada subinterfaz es una interfaz virtual independiente, con su propia configuración IP y asignación de VLAN.

```
Router#configure terminal
Router(config)#interface GigabitEthernet 0/0
Router(config-if)#no shutdown
Router(config-if)#interface GigabitEthernet 0/0.10
Router(config-subif)#encapsulation dot1q 10
Router(config-subif)#ip address 172.18.10.1 255.255.255.0
Router(config-subif)#encapsulation dot1q 20
Router(config-subif)#ip address 172.18.20.1 255.255.255.0
Router(config-subif)#_
```

Enrutamiento con un switch capa 3

- Reemplaza la necesidad de dedicar un router a este propósito y mejora la performance.
- Cuando origen y destino son parte de la misma VLAN, entonces el switch reenvía las tramas a nivel de capa 2.
- Cuando origen y destino están alojados en VLANs diferentes, reenvía los paquetes a nivel de capa 3 actuando como un router.

Para que un switch con capacidades de enrutamiento pueda enrutar entre VLANs se requiere:

- Habilitar la funcionalidad de enrutamiento IP.
- Crear una interfaz VLAN (SVI) para cada VLAN que se desea enrutar.
- Asignar una dirección IP de la subred correspondiente a cada VLAN a las interfaces VLAN.

En términos generales el enrutamiento entre VLANs es más escalable implementado en switches capa 3.

```
Switch#configure terminal
Switch(config)#ip routing
Switch(config)#interface vlan10
Switch(config-if)#ip address 172.18.10.1 255.255.255.0
Switch(config-if)#no shutdown
Switch(config-if)#interface vlan20
Switch(config-if)# 172.18.20.1 255.255.255.0
Switch(config-if)#no shutdown
Switch(config-if)#end
Switch#
```

Port Security

- Permite restringir el acceso a la red sobre la base de la dirección MAC de origen de las tramas.
- Acepta solamente tramas originadas en direcciones MAC consideradas "seguras".
- Limita la cantidad y cuáles son las direcciones MAC que pueden conectarse efectivamente a la red a través de un puerto específico.

Las direcciones MAC que se aceptan pueden definirse de diferentes formas:

- Estáticamente.
- Dinámicamente.

- Una combinación de direcciones aprendidas estática y dinámicamente.
- "Sticky".

Cuando una trama llega a un puerto del switch configurado con port security su dirección MAC de origen es verificada en la bala de direcciones "seguras".

- Si la dirección MAC coincide con una de las seguras, la trama es procesada.
- Si la dirección MAC NO coincide con una seguras la trama no es procesada y se la considera violación de la política. Cuando ocurre una violación hay 3 acciones posibles:
    - Protect
    - Restrict
    - Shutdown

Configuración de port-security

```
Switch(config)#interface FastEthernet 0/1
Switch(config-if)#switchport mode access
Switch(config-if)#switchport port-security
Switch(config-if)#switchport port-security maximum 2
Switch(config-if)#switchport port-security mac-address 0000.0ab1.23cd
Switch(config-if)#switchport port-security mac-address sticky
Switch(config-if)#switchport port-security violation shutdown
```

Comandos de verificación:

```
Swtich#show port-security status
Switch#show port-security
Switch#show port-security interface FastEthernet 0/1
Switch#show port-security address
```

Recuperación de puertos en error

- Acceder manualmente a la configuración de la interfaz, desactivarla (shutdown) para eliminar el estado de error, y luego activarla nuevamente (no shutdown).
- Rehabilitar automáticamente los puertos una vez que la situación que provocó el estado de error termina.

```
Switch(config)#errdisable recovery cause psecure-violation
Switch(config)#errdisable recovery interval 60
Switch(config)#exit
Switch#show errdisable recovery
```

Lo desarrollado hasta este punto es una síntesis del temario del examen ICND1 creado con la intención de brindar una herramienta de repaso de esos temas.
Un desarrollo completo de estos temas puede encontrarse en el Apunte Rápido CCENT versión 6.1 que ya he publicado.

Stack de switches

En redes LAN típicas es frecuente encontrar 2 o más switches de acceso en un mismo rack para tener suficientes puertos de acceso para los dispositivos terminales. La acumulación de situaciones como esta provoca un requerimiento creciente de enlaces redundantes y gestión.

Cisco StackWise es una tecnología aplicada para consolidar switches de acceso o distribución que se encuentran instalados en un mismo sitio o rack.

- Se pueden consolidar hasta 9 switches.
- El stack se gestiona como una unidad. Esto facilita la gestión de la red.
- Los switches del stack están conectados entre sí utilizando cables de conexión y puertos especiales que permiten generar un circuito cerrado entre ellos.
- Los switches que son parte del stack comparten el archivo de configuración y la información de enrutamiento. Operan como una unidad.
- El stack posee una única IP de gestión, y se gestiona como una unidad.
- La información de configuración y de enrutamiento se mantiene actualizada a través del cableado del stack.
- Se elige un máster switch que controla el stack.
- Se pueden agregar o quitar switches del stack sin afectar la performance.
- Cuando se agrega un switch al stack el máster automáticamente lo incorpora compartiendo la imagen de IOS y el archivo de configuración que implementa el stack.
- Múltiples switches en stack son considerados como una unidad para la implementación de EtherChannel y Spanning Tree.

Borrar la configuración de un switch

```
Switch_2960#erase startup-config
Erasing the nvram filesystem will remove all files! Continue?
[confirm]
[OK]
Erase the nvram:complete
```

```
Switch_2960#delete flash:config.text
Delete filename [config.text]?
Delete flash:config.text? [confirm]

Switch_2960#delete flash:vlan.dat
Delete filename [vlan.dat]?
Delete flash:vlan.dat? [confirm]
```

En el caso de los switches Catalyst, si se desea volver el dispositivo a valores por defecto, es necesario no sólo borrar el archivo de configuración de respaldo sino también la base de datos de VLANs que se guarda en un archivo aparte.

Segmentación de la red implementando VLANs

La implementación de VLANs nos permite dividir la red LAN en múltiples dominios de broadcast diferentes. Cada VLAN es un dominio de broadcast independiente y consecuentemente una red lógica diferente (subred).

La VLAN puede existir en un único switch o propagarse a través de múltiples switches, incluso pueden comunicarse a través de una WAN. Para intercambiar tráfico entre diferentes VLANs es preciso implementar enrutamiento y para esto es necesario que cada VLAN se encuentre asociada a una subred diferente.

Síntesis del temario del examen ICND1

Beneficios de la implementación de VLANs

- Reducen los costos de administración.
- Controlan el broadcast.
- Mejoran la seguridad y la performance de la red.
- Permiten agrupar de manera lógica a los usuarios de la red.

Creación de VLANs

```
Switch#configure terminal
Switch(config)#vlan [#]
Switch(config-vlan)#name [nombre]
Switch(config-vlan)#exit
Switch(config)#_
```

Un ejemplo:

```
Switch#configure terminal
Switch(config)#vlan 10
Switch(config-vlan)#name CCNA
```

Asignación de puertos a las VLANs

```
Switch#configure terminal
Switch(config)#interface FastEthernet 0/6
Switch(config-if)#switchport mode access
Switch(config-if)#switchport access vlan [#]
Switch(config-if)#no switchport access vlan [#]
```

Un ejemplo:

```
Switch(config)#interface FastEthernet 0/6
Switch(config-if)#switchport mode access
Switch(config-if)#switchport access vlan 10
```

Verificación de la configuración de VLANs

```
Switch#show vlan
Switch#show vlan brief
Switch#show vlan name CCNA
Switch#show interface FastEthernet0/6 switchport
```

Tips

- Los switches Catalyst tienen varias VLANs configuradas de fábrica: VLAN 1, VLANs 1002 a 1005. Estas VLANs no pueden ser modificadas o eliminadas.
- Por defecto todos los puertos están asignados a la VLAN 1.
- La VLAN 1 es la VLAN de gestión o management por defecto.
- Sólo se puede acceder vía telnet o SSH al dispositivo a través de la VLAN de management.
- La dirección IP asignada al switch debe pertenecer al segmento de la VLAN de management.

Tipos de puertos o enlaces

- Puertos de acceso.
- Puerto troncal.

Enlace Troncal

- Enlace punto a punto entre switches Ethernet que transporta múltiples VLANs.
- Se establece activando la funcionalidad de puerto troncal en los puertos ubicados en cada extremo del enlace.
- Enlaces de 100Mbps o superiores.

- Por defecto transporta todas las VLANs configuradas en el switch.

IEEE 802.1Q

- Estándar para el etiquetado de tramas sobre enlaces troncales.
- Inserta una etiqueta de 4 bytes en el encabezado Ethernet.
- Debe recalcular el campo FCS.
- Implementa el concepto de VLAN nativa.

Estructura de la etiqueta 802.1Q

- Tipo - 16 bits.
- Prioridad - 4 bits.
- VLAN ID - 12 bits.

VLAN Nativa

- 8022.1Q establece que todas las VLANs transportadas sobre un enlace troncal se transportan con la correspondiente identificación (VID) salvo la VLAN Nativa que no se identifica (untagged VLAN).
- Todo el tráfico no marcado que se recibe en un puerto troncal se envía a la VLAN nativa.

Configuración de enlaces troncales

```
Switch(config)#interface GigabitEthernet 0/1
Switch(config-if)#switchport mode trunk
Switch(config-if)#switchport trunk encapsulation dot1q
Switch(config-if)#switchport trunk native vlan 199
Switch(config-if)#switchport trunk allowed vlan 10, 110
```

Monitoreo de puertos troncales

```
Switch#show interface GigabitEthernet 0/1 switchport
Switch#show interfaces trunk
```

Dynamic Trunk Protocol

- Protocolo propietario de Cisco que negocia automáticamente enlaces troncales.
- Se encuentra activo por defecto.
- Admite diferentes estados para los puertos del switch.

	Acceso	Dynamic Auto	Dyn. Desirable	Troncal
Acceso	Acceso	Acceso	Acceso	n/a
Dynamic Auto	Acceso	Acceso	Troncal	Troncal
Dyn. Desirable	Acceso	Troncal	Troncal	Troncal
Troncal	n/a	Troncal	Troncal	Troncal

```
Switch(config)#interface GigabitEthernet 0/1
Switch(config-if)#switchport mode [access/dynamic/trunk]
Switch(config-if)#switchport nonegatiate
```

Lo desarrollado en este punto es una síntesis del temario del examen ICND1 creado con la intención de brindar una herramienta de repaso de esos temas.
Un desarrollo completo de estos temas puede encontrarse en el Apunte Rápido CCENT versión 6.1 que ya he publicado.

El ID de VLAN

Para agregar una VLAN a la base de datos de VLANs es preciso asignarle un número y un nombre. El rango de IDs posible:

- VLAN 1 — VLAN Ethernet por defecto.
- VLAN 2 a 1001 — Rango "normal".
- VLAN 1002 a 1005 — IDs reservados para VLANs Token Ring y FDDI.
- VLAN 1006 a 4094 — Rango "extendido".

Cuando se crea una VLAN, si no se le asigna un nombre se le asigna un nombre por defecto asociando el ID con el comando VLAN. Por ejemplo, al crear la VLAN 20 se le asigna automáticamente el nombre VLAN0020.

Uso de interface range

Cuando se debe realizar una configuración semejante en múltiples puertos adyacentes es posible utilizar una variante del comando interface que permite trabajar múltiples puertos con un único comando.

Por ejemplo, cuando necesitamos asignar los puertos FastEthernet 0/1 a 0/8 como puertos de acceso de la VLAN 10 esto es posible hacerlo de una única vez como se muestra a continuación.

```
Switch(config)#interface range FastEthernet 0/1 - 8
Switch(config-if-range)#switchport mode access
Switch(config-if-range)#switchport access vlan 10
```

Voice VLAN

Se trata de una prestación incluida en algunos switches Catalyst y que permite superponer una topología para una red de voz con la red de datos de manera tal que la red de voz y la de datos actúen en estructuras lógicas separadas sobre una misma topología física compartida.

- Tener los teléfonos en su propia VLAN facilita la resolución de problemas de red.
- También permite priorizar el tráfico de voz respecto del tráfico de datos.

Para implementar esta prestación se debe crear en primer lugar la VLAN y luego agregarla al puerto especificando que se trata de una VLAN de voz.

```
Switch#configure terminal
Switch(config)#vlan [ID]
Switch(config-vlan)#name [NOMBRE]
Switch(config-vlan)#exit
Switch(config)#interface FastEthernet [ID]
Switch(config-if)#switchport voice vlan [#]
```

Un ejemplo:

```
Switch#configure terminal
Switch(config)#vlan 10
Switch(config-vlan)#name CCNA
Switch(config-vlan)#vlan 110
Switch(config-vlan)#name TELEFONIA
Switch(config-vlan)#exit
Switch(config)#interface FastEthernet 0/6
Switch(config-if)#switchport mode access
Switch(config-if)#switchport access vlan 10
Switch(config-if)#switchport voice vlan 110
```

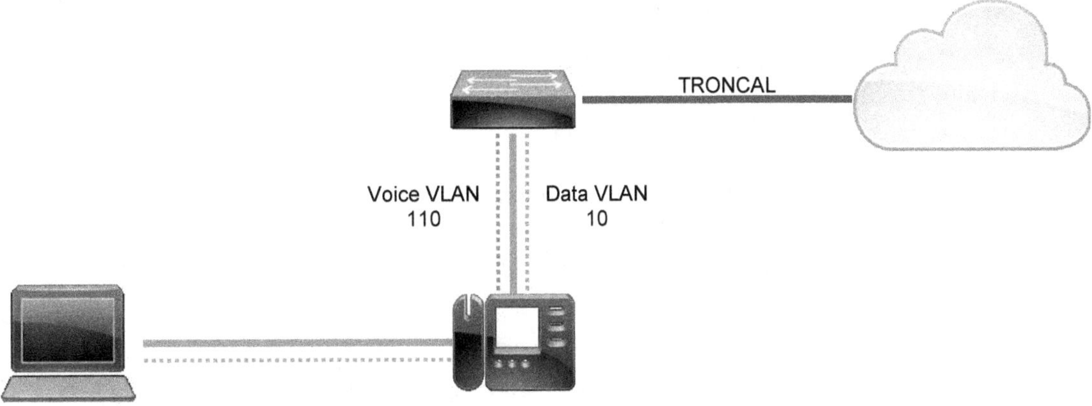


```
Switch#show interface FastEthernet0/6 switchport
Name: Fa0/6
Switchport: Enabled
```

```
Administrative Mode: dynamic auto
Operational Mode: static access
Administrative Trunking Encapsulation: dot1q
Operational Trunking Encapsulation: native
Negotiation of Trunking: On
Access Mode VLAN: 10 (CCNA)
Trunking Native Mode VLAN: 1 (default)
Administrative Native VLAN tagging: enabled
Voice VLAN: 110 (TELEFONIA)
<Se omiten líneas>
```

VLAN Trunk Protocol (VTP)

VTP es un protocolo de capa 2 propietario de Cisco utilizado para compartir la información de las VLANs (base de datos de VLANs) entre switches que pertenecen a una misma administración (es decir, pertenecen a un dominio administrativo único) y que se comunican a través de enlaces troncales. Su objetivo es minimizar los errores y las inconsistencias de configuración de VLANs.

VTP utiliza tramas multicast de capa 2 para agregar, borrar y modificar las VLANs de un dominio, permitiendo realizar cambios en la red conmutada de modo centralizado.

El protocolo VTP permite definir dominios de administración a partir del nombre de dominio.

Las publicaciones VTP contienen parte o toda esta información:

- Nombre de dominio de administración.
- Número de revisión de configuración.
- Clave utilizando MD5, cuando se ha activado el uso de contraseña.
- Identidad del dispositivo que envía la actualización.

Por defecto, en los switches Cisco Catalyst:

- Todos son servidores VTP.
- No tienen configurado ningún dominio VTP.
- La implementación de VTP pruning es variable de acuerdo al modelo.

El dominio VTP

Es un conjunto de switches conectados entre sí por enlaces troncales y que comparten la misma gestión de VTP.

- Un switch puede pertenecer a un único dominio VTP.

- Por defecto un switch Catalyst no está en un dominio de gestión hasta que recibe una publicación de VTP de otro switch en el dominio o se lo asigna a un dominio por configuración.

- Las publicaciones de VTP se propagan a través de todo el dominio VTP cada 5 minutos.

Versiones

Existen en la actualidad 3 versiones del protocolo.

- La opción por defecto en los switches Catalyst es la versión 1.

- Las diferentes versiones no son compatibles entre sí. Es necesario que todos los switches implementen la misma versión en todo el dominio.

- Las versiones 1 y 2 no propagan información de VLANs que utilizan el rango extendido de ID de VLAN.

Modos VTP

Los switches que operan en un dominio VTP pueden hacerlo de uno de tres modos diferentes:

- Servidor.
  Es el modo por defecto pero no propaga información de VLANs hasta tanto se le configura un nombre de dominio o lo aprende de un dispositivo adyacente.
  Envía actualizaciones a través de todos sus puertos troncales.
  Sincroniza su base de datos con la de todos los servidores y clientes VTP del dominio.

- Cliente.
  No permite realizar cambios a la base de datos de VLANs pero aún envía toda la información de su base de datos a todos los miembros del dominio.

- Transparente.
  La base de datos de VLANs es local del switch y no se propaga hacia los demás miembros del dominio.
  Sin embargo, aún reenvía las publicaciones de VTP de los demás miembros del dominio.

Tarea	Servidor VTP	Cliente VTP	VTP Transp.
Genera mensajes VTP	Si	Si	No
Reenvía mensajes VTP	Si	Si	Si
Escucha mensajes VTP	Si	Si	No
Permite crear VLANs	Si	No	Si, localmente
Permite borrar VLANs	Si	No	Si, localmente

Configuración de VTP

Los valores por defecto en los switches Catalyst son los siguientes:

- Nombre de dominio VTP Null
- Modo VTP Servidor
- Clave VTP Ninguna
- VTP pruning Depende de la versión de IOS
- Versión VTP 1

```
Switch#configure terminal
Switch(config)#vtp mode [client|server|transparent]
Switch(config)#vtp domain [nombre]
Switch(config)#vtp password [clave]
Switch(config)#vtp pruning
Switch(config)#exit
```

Un ejemplo:

```
Switch#configure terminal
Switch(config)#vtp mode transparent
Setting device to VTP CLIENT mode.

Switch(config)#vtp domain CCNA
Changing VTP domain name from NULL to CCNA

Switch(config)#exit
```

Verificación de VTP

```
Switch_2960#show vtp status
VTP Version capable             : 1 to 3
VTP Version running             : 2
Configuration Revision          : 0
Maximum VLANs supported locally : 1005
Number of existing VLANs        : 5
VTP Operating Mode              : Transparent
VTP Domain Name                 : CCNA
VTP Pruning Mode                : Disabled
<se omiten líneas>
```

En los switches que se encuentran en modo cliente o servidor no es posible ver la configuración de VTP y de VLANs en el archivo de configuración del dispositivo.

En los switches que se encuentran en modo VTP transparente se puede revisar en el archivo de configuración la definición de VLANs.

Spanning Tree Protocol

Síntesis del temario del examen ICND1

Redundancia en enlaces de capa 2

- Evita la existencia de un único punto de fallos.
- Puede generar algunos problemas:
    - Tormentas de broadcast.
    - Transmisión de múltiples copias de una misma trama.
    - Inestabilidad de las tablas de direcciones MAC.

Spanning Tree Protocol

- Protocolo de capa 2 para administración de enlaces redundantes.
- Permite solamente una única ruta activa entre dos estaciones.
- Coloca algunos puertos en estado "bloqueado" de modo que no reciben, reenvían o inundan tramas.
- Si surgiera un problema de conectividad se restablece la conexión activando el puerto que antes estaba inactivo.

Lo desarrollado en este punto es una síntesis del temario del examen ICND1 creado con la intención de brindar una herramienta de repaso de esos temas.
Un desarrollo completo de estos temas puede encontrarse en el Apunte Rápido CCENT versión 6.1 que ya he publicado.

Características básicas

- Estándar definido por la IEEE como 802.1D.
- Utiliza BPDUs para el intercambio de información entre switches.
- Bloquea algunos puertos (en los enlaces redundantes) de modo que ya no reciben, reenvían o inundan tramas de datos.

- En caso de problemas de conectividad en la topología activa de la red reestablece la conectividad automáticamente activando alguno de los puertos que se encuentra bloqueado.

Versiones del protocolo

- STP (IEEE 802.1D 1998)
  Genera una única instancia de STP para toda la red independientemente del número de VLANs existentes.
  Puede seleccionar rutas subóptimas para el tráfico de la red.
    - CST
      Es la instancia común de STP que mantiene la consistencia de toda la red conmutada más allá del número de VLANs.
- RSTP (IEEE 802.1w 2004)
  Es una evolución de 802.1D que ofrece mejores tiempos de convergencia. Ya que mantiene una única instancia de STP, sigue vigente la posibilidad de la utilización de rutas subóptimas.
  Dadas sus características tiene requerimientos de hardware superiores a STP.
- MSTP (IEEE 802.1s)
  Mapea múltiples VLANs a una o varias instancias de RSTP.
  Requiere más recursos que RSTP, pero menos que RPVST+
- PVST+ (propietario de Cisco)
  Es una extensión de 802.11D que genera una instancia de STP para cada VLAN. Esto genera un mayor requerimiento de recursos al mismo tiempo que permite una mejor administración de las rutas disponibles.
- RPVST+ (propietario de Cisco)
  Es una mejora a 802.1w propietaria de Cisco.
  Genera una instancia de RSTP para cada VLAN, lo que resuelve tanto los problemas de convergencia como de uso de rutas subóptimas. Esto tiene grandes requerimientos de CPU y memoria.

	Estándar/Propietario	**Recursos**	**Convergencia**
STP	802.1D	Pocos	Lenta
PVST+	Cisco	Muchos	Lenta
RSTP	802.1w	Medios	Rápida
RPVST+	Cisco	Muy altos	Rápida
MSTP	802.1s	Medios	Rápida

Opciones por defecto

- El modo por defecto en switches Catalyst es PVST+.
- Se encuentra habilitado en todos los puertos.

Estas características hacen que la convergencia no sea la más rápida posible, pero ocupa menos recursos que la implementación de RPVST+.

Operación de STP

El protocolo completa 3 tareas para determinar una ruta libre de bucles:

1- Se elige un switch raíz (root bridge o bridge raíz).

- Inicialmente todos los switches se asumen a sí mismos como switch raíz y publica BPDUs anunciándose como tal.
- Cada switch compara el BID de cada uno de los BPDUs recibidos y si el valor recibido es más bajo que el propio comienza a publicar ese BID como root-bridge.
- Finalmente todos los switches coincidirán en elegir el mismo switch raíz. Será el switch con BID más bajo.
- Sólo hay un switch raíz en cada dominio de broadcast.
- Todos los puertos del switch raíz son "puertos designados" (designated ports). Los puertos designados están en estado de forwarding.

2- Cada uno de los demás switches (non root bridge) selecciona un puerto raíz. El switch raíz no tiene puerto raíz. Cada switch no-raíz realiza este proceso en paralelo.

- Cuando un switch se reconoce como no-raíz asume el puerto a través del cual ha recibido los BPDUs del switch raíz como puerto raíz.
- Si recibe BPDUs del switch raíz por varios puertos asume como puerto raíz el de menor costo al switch raíz. Si hay 2 puertos con el mismo costo al switch raíz entonces selecciona aquel que lo conecta al switch con menor BID. Si coincide el costo de las rutas, y ambos BPDUs se han recibido del mismo switch (igual BID), entonces se elige el originado en el puerto con menor ID de puerto.
- Cada switch no-raíz tiene un solo puerto raíz en cada dominio de broadcast.
- Selecciona como puerto raíz (root port) al puerto de menor costo hacia el switch raíz y lo pone en estado de forwarding.

3- En cada segmento se selecciona un puerto designado.

- Se elige como puerto designado el que pertenece al switch con una ruta con menor costo hacia el switch raíz. El puerto designado está en estado de forwarding.

- Cada segmento de red tiene un puerto designado.

- Los puertos no-designados quedan en estado de blocking.

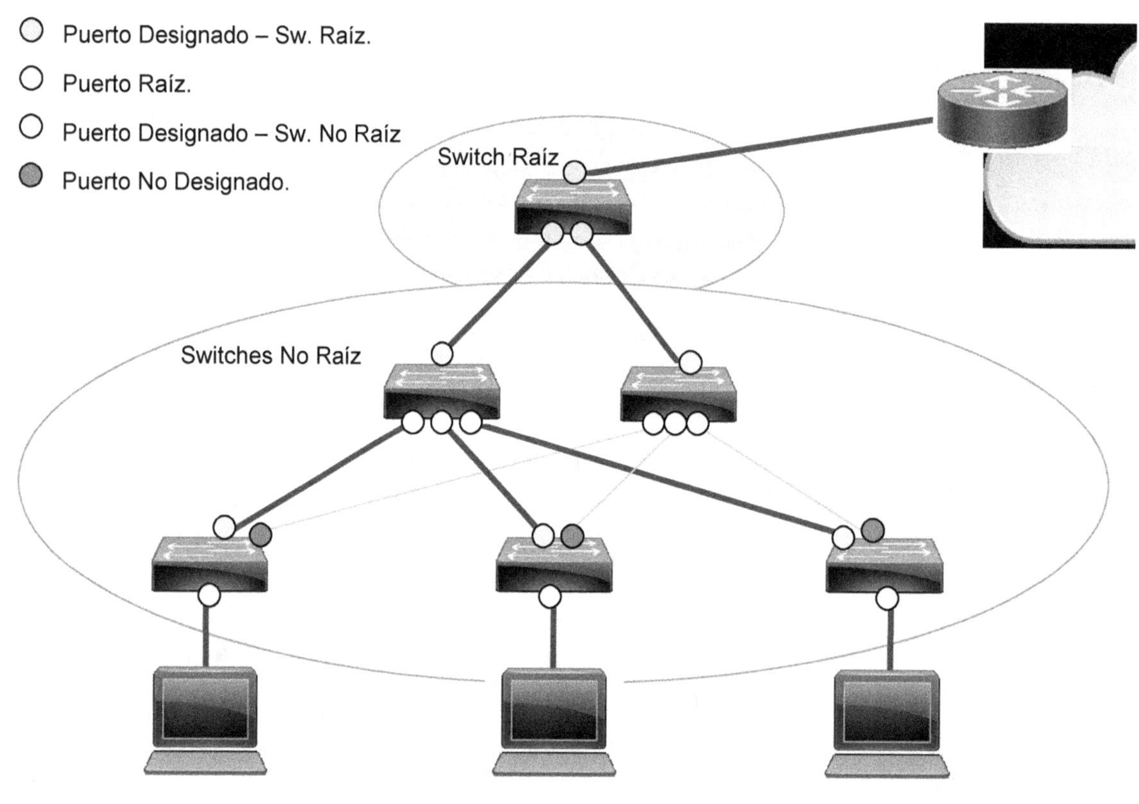

> Mientras se realiza esta selección de switches y puertos, todos los puertos permanecen bloqueados. A medida que cada puerto es elegido como designado o raíz comienza el proceso de transición para comenzar a operar regularmente.

Roles de los puertos

- Puerto Raíz.
  Está presente solamente en los switches no-raíz.
  Es el puerto con mejor ruta (menor costo) al switch raíz. Hay un solo puerto raíz en cada switch no- raíz.
  Este puerto está en estado de forwarding.

- Puerto Designado.
  Presente en switches raíz y no-raíz.
  Estos puertos reciben y envían tramas.
  Sólo hay un puerto designado por segmento de red. Los puertos

designados están en posibilidad de ingresar información en las tablas de direcciones MAC.

- Puerto No Designado.
  Puerto de un switch que se encuentra bloqueando tramas de datos y no está ingresando información en la tabla de direcciones MAC.

- Puerto inhabilitado.

Selección del switch raíz

Para compartir la información de switches y puertos que le permite luego calcular el árbol de rutas STP envía cada 2 segundos tramas BPDU. Las tramas BPDU se inundan por todos los puertos del switch en formato multicast.

Uno de los datos que se transmiten en el BPDU es el ID del switch o BID. El BID es un número de 8 bytes de extensión compuesto por 2 secciones:

Prioridad	MAC Address del switch
2 Bytes 0 a 65535	6 Bytes

La prioridad puede tener un valor de entre 0 y 65535. El valor por defecto es de 32768 (0x8000).

Se selecciona como switch raíz al switch con menor BID.

Costos y prioridades

Para determinar el mejor camino hacia el switch raíz se utiliza como parámetro el costo. El costo es un valor arbitrario que cualifica los enlaces.

Por defecto cada puerto está asociado a un costo que se encuentra definido por el protocolo en función de la velocidad del enlace. El costo de una ruta se calcula sumando los costos de todos los enlaces que a componen.

Velocidad del puerto	Costo 1998	Costo 2004
10 Gbps.	2	2.000
1 Gbps.	4	20.000
100 Mbps.	19	200.000
10 Mbps.	100	2.000.000

Si bien STP asigna un costo a cada enlace en base a su velocidad, esto puede ser modificado por configuración.

Cuando 2 rutas tienen igual costo, se selecciona utilizando el valor de prioridad. La prioridad es resultado de un valor por defecto (128) y el número de puerto; de esta manera el puerto con menor ID es el puerto preferido por defecto.

Per VLAN Spanning Tree +

La implementación de IEEE 802.1D tiene algunas características que limitan sus prestaciones:

- Al implementar una única instancia del protocolo se reduce el consumo de procesador.

- No tiene posibilidad de distribuir tráfico entre múltiples enlaces redundantes ya que un enlace bloqueado, está bloqueado para todas las VLANs.

PVST+ define varias instancias de STP en una sola red: una instancia STP independiente por VLAN.

- Permite distribuir el tráfico.

- Optimiza el aprovechamiento de los enlaces de backbone redundantes.

- Puede generar una sobrecarga excesiva de procesamiento del CPU.

- Utiliza un ID Bridge extendido.

PVSTP+ se utiliza sobre troncales IEEE 802.1Q.

Rapid PVST+ (RPVST+) es la versión propietaria de Cisco de RSTP para lograr un efecto semejante: una instancia de RSTP independiente para cada VLAN.

BID extendido

Al generar una instancia STP independiente para cada VLAN PVST+ requiere incorporar la información del VID en el BID. Para esto se reutiliza una porción del campo prioridad original del BID.

Prioridad	VLAN ID	MAC Address del switch
4 bits	12 bits	6 Bytes

- Mantiene compatibilidad de prioridad con STP IEEE 802.1D.

- Utiliza el campo prioridad origina para transportar el VLAN ID.

- El valor de prioridad incrementa en saltos de 4096 unidades.

Un ejemplo:

Prioridad	VLAN ID	MAC Address del switch
1	1	
0001	000000000001	
4096	1	000D.78DA.46D5

4097:000D.78DA.46D5

Configuración de Spanning Tree

```
Switch(config)#spanning-tree vlan [ID] priority [#]
```

Permite definir un valor de prioridad diferente para cada VLAN en el switch. De esta forma la selección de switch-raíz para cada VLAN es independiente.

Los valores de prioridad posibles son múltiplos de 4096.

```
Switch(config)#spanning-tree vlan [ID] primary
```

Fuerza la elección del switch en el que se ejecuta como switch-raíz para la VLAN que se indica. Para esto coloca el valor de prioridad por debajo del valor de prioridad más bajo recibido en las BPDUs.

```
Switch(config)#spanning-tree vlan [ID] secondary
```

Configura el valor de prioridad de modo que se comporte como switch alternativo al switch-raíz en caso de que el primario falle.

```
Switch(config)#exit
Switch#show spanning-tree vlan [ID]
```

Permite verificar la configuración y operación de STP en una VLAN específica.

```
Switch#debug spanning-tree pvst+
```

Un ejemplo:

```
Switch#configure terminal
Switch(config)#spanning-tree vlan 2 primary
Switch(config)#exit
Switch#show spanning-tree vlan 2
VLAN0002
  Spanning tree enabled protocol ieee
  Root ID    Priority   28674
             Address    000D.BDBA.0916
             This bridge is the root
             Hello Time 2 sec  Max Age 20 sec  Forward Delay 15 sec

  Bridge ID Priority   28674  (priority 28672 sys-id-ext 2)
             Address    000D.BDBA.0916
             Hello Time 2 sec  Max Age 20 sec  Forward Delay 15 sec
```

```
          Aging Time 20

Interface        Role Sts Cost      Prio.Nbr Type
---------------- ---- --- --------- -------- ----------------------
Fa0/1            Desg FWD 19        128.1    P2p
```

Optimización de redes STP

Dado que STP es responsable de mantener una red libre de bucles, cada vez que un puerto de un switch pasa a estar activo, antes de poder enviar y recibir tramas de datos es preciso que atraviese una serie de estados a fin de verificar que no se generan bucles en la red.

Estados de los puertos STP

De acuerdo a su situación operativa respecto de la red los puertos de cada dispositivo pueden pasar por 5 estados diferentes:

- Bloqueado (Blocking).
  Recibe BPDUs, pero no participa en la conmutación de tramas.
  Permanecerá en este estado el tiempo indicado en el temporizador "maximum age" (20 segundos por defecto).

- Escuchando (Listening).
  Recibe y envía BPDUs, los proceso analizando posibles cambios en la topología, pero no participa en la conmutación de tramas.
  Permanece en este estado lo indicado en el temporizador "forward delay" (15 segundos por defecto).

- Aprendiendo (Learning).
  Continúa procesando BPDUs al mismo tiempo que comienza a poblar la tabla de direcciones MAC.
  Permanece en este estado según lo indicado en "forward delay".

- Enviando (Forwarding).
  Pasa a este estado cuando hay certeza de que no se formará un bucle.
  Este puerto es parte de la topología activa enviando y recibiendo tramas, al mismo tiempo que envía y recibe BPDUs.

- Desactivado (Shutdown).
  No participa del árbol STP. No es estrictamente parte del protocolo.

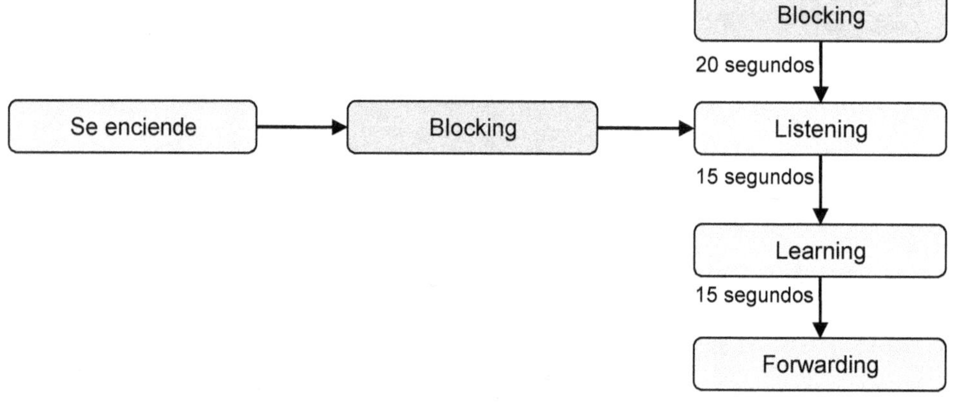

Cuando se enciende un switch, STP se encuentra activo por defecto y coloca todos los puertos en estado de blocking. A partir de este punto cada puerto debe pasar por los estados de transición (listening y learning) para luego llegar al estado de forwarding.

Cuando un puerto opera con STP se estabiliza en 2 estados posibles: blocking o forwarding.

Propiamente, los estados de STP son los 4 mencionados. Si se habla de los estados del puerto en sí mismo entonces hay que agregar "desactivado".
No es STP el que pone al puerto en ese estado como en los otros casos. Ese estado es generado por el administrador a través del comando shutdown.

Port Fast

En su operación por defecto STP indica que cuando un puerto pasa a estar operativo (up/up) inicie es estado de blocking, pase luego a listening, luego a learning y finalmente a forwarding. Esto implica una demora innecesaria en el caso de dispositivos terminales que además puede generar algún inconveniente.

PortFast modifica la operación por defecto de STP de modo tal que, cuando pasa a estado operativo el puerto de acceso inicia directamente en estado de forwarding. Si el puerto recibe un BPDU, entonces pasa a estado bloqueado e inicia la negociación de STP.

- El puerto transiciona directamente de blocking a forwarding.
- Se aplica únicamente en puertos de acceso.
- Supone que el dispositivo conectado al puerto de acceso no genera BPDUs.
- Cuando el puerto port fast recibe un BPDU pasa a bloquear tráfico y utilizará el mecanismo de transición estándar para evitar un posible bucle.

De esta manera PortFast reduce notablemente el tiempo de negociación de los puertos de acceso a los que se conectas terminales sin eliminar la presencia de STP en los puertos de acceso para mantener la protección ante eventuales bucles.

BPDU Guard

Sin embargo, el riesgo de seguridad no es solamente la formación de un bucle de rutas de capa 2 en la red conmutada, sino también que se produzca una modificación en la topología activa de la red usurpando el rol de switch-raíz.

BPDU guard permite preservar la topología de la red evitando que dispositivos intrusos conectados a la red puedan impactar en la misma. Para esto, cuando el puerto del switch configurado con port fast recibe un BPDU inmediatamente se bloquea pasando a estado de error.

Configuración

Por interfaz

```
Switch#configure terminal
Switch(config)#interface GigabitEthernet0/1
Switch(config-if)#spanning-tree portfast
```

Implementa PortFast en la interfaz.

```
Switch(config-if)#spanning-tree bpduguard enable
```

Activa BPDU guard en la interfaz.

Modificación de opciones por defecto

Por defecto todos los puertos de los switches Catalyst son STP activos y realizan la transición completa a través de los diferentes estados para asegurar la inexistencia de bucles. Es posible cambiar ese comportamiento por defecto de modo tal que todo puerto de acceso, al colocarse como tal, opere en modo PortFast e incluir la activación de BPDU guard en todo puerto que tiene activo PortFast.

Estas modificaciones se realizan en modo configuración global. No es necesario aplicar ambas opciones en modo configuración global.

```
Switch#configure terminal
Switch(config)#spanning-tree portfast default
```

Este comando modifica la operación por defecto de todos los puertos no troncales. Por defecto, todo puerto no troncal implementa PortFast.

```
Switch(config)#spanning-tree portfast bpduguard default
```

De esta manera, todo puerto que opera con PortFast automáticamente implementa BPDU guard.

Verificación

```
Switch#show running-config interface GigabitEthernet0/1
```

Permite verificar la configuración de la interfaz. Muestra tanto la configuración de PortFast como la de BPDU guard.

No muestra si haya una definición a nivel global.

```
Switch#show spanning-tree summary
```

Muestra si hay una activación global de PortFast y BPDU guard como opciones por defecto.

```
Switch#show spanning-tree interface GigabitEthernet0/1 portfast
```

Permite verificar tanto la configuración global como en la interfaz de PortFast.

Operación de STP por defecto

Los switches Cisco Catalyst soportan:

- PVST+.
- PVRST+.
- MSTP.

Las opciones por defecto de STP en switches Catalyst son las siguientes:

- PVST+
- Está habilitado en todos los puertos, que también se encuentran en la VLAN1.

EtherChannel

Ante la necesidad de incrementar la capacidad de transporte de la red LAN una alternativa escalable y menos costosa es la implementación de múltiples enlaces en paralelo. Sin embargo en redes capa 2 esto está limitado por la presencia de STP que solo permite una ruta a un único destino bloqueando las rutas alternativas.

EtherChannel brinda una alternativa escalable para el despliegue de múltiples enlaces paralelos. Esta tecnología que permite crear enlaces lógicos que agrupan múltiples (entre 2 y 8) enlaces físicos.

- Mejora la escalabilidad de la red ya que permite aumentar el ancho de banda disponible agrupando puertos ya existentes en los dispositivos.
- Una vez establecido el enlace lógico, la mayor parte de las tareas de configuración se pueden realizar sobre la interfaz lógica, facilitando las tareas.
- Mejora la redundancia de la red ya que mientras uno solo de los enlaces físicos permanezca disponible el canal se mantiene activo. Por esto, la caída de un enlace físico no provoca un recálculo de STP.
- Soluciona problemas de STP ya que para el protocolo los enlaces físicos agrupados se comportan como un único enlace lógico.
- Es posible balancear tráfico entre los múltiples enlaces físicos que componen el canal. El modo de balanceo de carga (MAC y/o IP de origen y/o destino) depende de la plataforma en la que se implementa.

Implementación de EtherChannel

Al configurar interfaces EtherChannel es conveniente tener presentes algunos puntos:

- Todos los puertos físicos asociados a un EtherChannel deben ser del mismo tipo.

- Es posible configurar múltiples EtherChannels entre dos dispositivos. En este caso, si son canales de capa 2, STP solo permitirá un canal activo entre ambos dispositivos (bloquea todos los enlaces físicos vinculados al canal que elige bloquear).

- Una vez configurado un EtherChannel, cualquier configuración que se aplica a la interfaz port channel asociada afecta a la operación de todo el canal. Cualquier modificación de configuración que se realiza sobre un puerto físico afecta exclusivamente a ese puerto físico.

- Todas las interfaces físicas deben estar configuradas para operar a la misma velocidad y en el mismo modo dúplex.

- Todas las interfaces físicas deben estar asignadas a la misma VLAN o estar configuradas como troncales.

- Las interfaces físicas que conforman un canal pueden tener asignado diferente costo de STP.

- En los switches Catalyst ME, solamente los puertos NNI y ENI soportan negociación dinámica con LACP o PAgP.

Protocolos

Es posible implementar protocolos que negocian dinámicamente la constitución de channel groups ente puertos de iguales características. La configuración puede realizarse de modo estático o también utilizando protocolos de negociación dinámicos:

- PAgP
  Protocolo propietario de Cisco.

- LACP
  Protocolo estándar definido como IEEE 802.3ad.

EtherChannel es una marca registrada de Cisco e identifica una prestación propietaria inicialmente propuesta por Cisco en sus dispositivos.
Al ser estandarizada por la IEEE ha recibido la denominación de Link Aggregation.
Ambos features (EtherChannel y Link Aggregation) refieren a una misma prestación.

PAgP

Protocolo propietario de Cisco para negociar la creación de EtherChannel entre 2 dispositivos en base a la configuración de los dispositivos de cada extremo. La operación de los puertos que operan con PAgP puede ser en 3 modos diferentes:

- Auto
  La interfaz negocia en modo pasivo: responde a los paquetes PAgP que recibe pero no inicia una negociación.

- Desirable
  La interfaz opera en modo activo: inicia la negociación con otras interfaces enviando paquetes PAgP.

- On
  Fuerza la interfaz a asociarse en un canal sin PAgP. No intercambia paquetes PAgP y no realiza ninguna negociación. Sólo establece un canal cuando en el otro extremo hay una interfaz en modo on también.

PAgP	On	Desirable	Auto
On	EtherChannel		
Desirable		EtherChannel	EtherChannel
Auto		EtherChannel	

LACP

Opera de modo semejante a PAgP con la diferencia de que se trata de un protocolo estándar de la IEEE.

Los puertos también pueden encontrarse en 3 modos diferentes:

- Passive
  El puerto espera una negociación de modo pasivo. Responde a paquetes LACP que recibe pero no inicia una negociación.

- Active
  El puerto inicia negociaciones de modo activo con otros puertos enviando paquetes LACP.

- On
  Fuerza la interfaz a asociarse en un canal sin ningún tipo de negociación. Esta interfaz no intercambia paquetes LACP.

LACP	On	Active	Passive
On	Link Aggregation		
Active		Link Aggregation	Link Aggregation
Passive		Link Aggregation	

Configuración

Consideraciones:

- Todas las interfaces deben soportar la prestación. No es requerimiento que las interfaces sean contiguas o en el mismo módulo cuando se trata de switches modulares.

- Todas las interfaces deben encontrarse operando a la misma velocidad y modo dúplex.

- Todas las interfaces deben ser parte de la misma VLAN o ser troncales.

- Si se trata de interfaces troncales, todas deben tener las mismas VLANs permitidas.

- Terminada la configuración, todos los cambios deben realizarse en la interfaz port-channel.

```
Switch(config)#interface range FastEthernet0/1 - 2
```

Aunque no es obligatorio utilizar el comando interface range, es conveniente aprovecharlo para asegurar una configuración uniforme de los puertos que han de conformar el canal y evitar tareas repetitivas.

```
Switch(config-if-range)#channel-group 1 mode on
```

Asigna las interfaces del rango a un canal específico. Si la interfaz port-channel no existe, la crea utilizando el mismo ID que el ID de grupo.

El modo dependerá del protocolo utilizado para la negociación dinámica. En este caso no hay negociación dinámica sino configuración estática. Ambos extremos deben ser configurados en modo estático.

```
Switch(config-if-range)#exit
Switch(config)#interface port-channel 1
```

Ingresa al modo de configuración de la interfaz virtual a la que se vincularon los puertos físicos.

El ID de canal no es necesario que sea el mismo en ambos extremos del enlace. Es una buena práctica de gestión hacerlo coincidir.

```
Switch(config-if)#switchport mode trunk
Switch(config-if)#switchport trunk allowed vlan 10, 20
```

En este ejemplo configuro la interfaz de canal como un enlace troncal y aplican todas las características de configuración de un troncal estándar.

Verificación

```
Switch#show interfaces port-channel 1
```

Muestra la configuración, estado y estadísticas de la interfaz de canal que se especifica, del mismo modo que se tratara de una interfaz física.

```
Switch#show etherchannel summary
```

Muestra una síntesis de la operación de cada interfaz port-channel.

```
<Se omiten líneas>
Number of channel-groups in use:  1
Number of aggregators:            1
Group  Port-channel   Protocol   Ports
------+--------------+----------+----------------------------------
1      Po1(SU)        LACP       Fa0/1(P)  Fa0/2(P)
```

S – Indica que se trata de un canal virtual en capa 2.

U – Indica que se encuentra en uso.

P – Indica que el puerto está incorporado en el canal.

```
Switch#show etherchannel port-channel
```

Muestra información específica de la interfaz port-channel

Redundancia en el primer salto (FHRP)

Cuando una red LAN tiene más de una puerta de salida (gateway), la implementación de un protocolo de redundancia en el primer salto (First Hop Redundancy Protocol o FHRP) es una de las maneras privilegiadas de administrar esa redundancia.

Estos protocolos posibilitan que los múltiples gateways existentes sean vistos por las terminales de la red como un único default gateway. De esta manera para el usuario de un dispositivo terminal la redundancia en la puerta de enlace (salida de la red local) opera de modo transparente: siempre utiliza el mismo default gateway y su tabla ARP no cambia.

Operación de estos protocolos

Si bien hay varios protocolos que cubren esta tarea, todos ellos tienen características comunes:

- Todas las terminales tienen una única configuración de default gateway que no se modifica.
- Los routers de borde comparten una dirección IP virtual.
- Las terminales utilizan la dirección IP virtual como default-gateway.

- Los routers intercambian mensajes del protocolo FHRP para coordinar cuál es el router operativo en cada momento.

- Cuando el router operativo falla, FHRP define cuál es el dispositivo que lo reemplaza en la tarea.

Al utilizar la dirección IP virtual como dirección de default gateway en los terminales, los dispositivos terminales operan como si en realidad existiera un único gateway del segmento de red en el que se encuentran. En sus tablas ARP tienen la MAC virtual asociada a la IP virtual que se asigna al sistema. De este modo los paquetes enviados a la MAC virtual como destino pueden ser reenviados por el dispositivo que se encuentre activo en ese momento. El protocolo es el que se ocupa de definir cuál es el dispositivo del grupo que se hará cargo del reenvío de tráfico.

- La terminal no sabe cuál es el dispositivo que realmente está reenviando el tráfico.

- La transición de un dispositivo activo a su respaldo es transparente para las terminales.

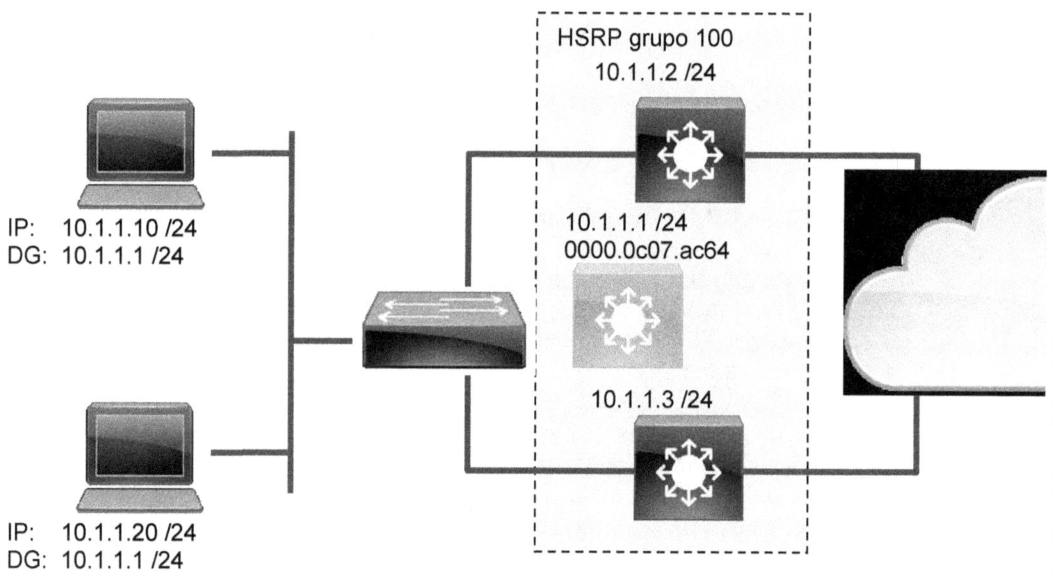

Hay 3 protocolos que desempeñan esta tarea:

Protocolo	Tipo	Redundancia	Balanceo
HSRP	Cisco / IETF RFC 2281	Activo/Standby	No
VRRP	IETF RFC 5798	Activo/Standby	No
GLBP	Cisco	Activo/Activo	Si

Cuando un dispositivo activo falla:

- El dispositivo que se encuentra como respaldo deja de recibir mensajes del dispositivo activo.
- El dispositivo de respaldo asume el rol activo y comienza a reenviar el tráfico.
- Las terminales no perciben cambio alguno en la red.

Hot Standby Router Protocol (HSRP)

Permite que 2 o más dispositivos cooperen brindando el servicio de gateway de la red, pero sólo uno está en modo activo mientras los demás permanecen en standby como respaldo en caso de que el dispositivo activo deje de operar.

Para su operación se utiliza una dirección IP virtual y una dirección MAC también virtual.

- La IP virtual es definida en la configuración, debe pertenecer a la red o subred que la IP de las interfaces, pero debe ser única.
- La MAC virtual es derivada automáticamente por el protocolo a partir de la configuración. El formato de esta dirección es 0000.0c07.acxx, donde xx es el ID de grupo HSRP en hexadecimal.
- Todos los routers asociados al proceso de HSRP conocen esta dirección virtual pero solamente el dispositivo activo utiliza esta dirección.
- Las terminales de la red utilizan la IP virtual como dirección del default gateway.
- Hay dos versiones de HSRP disponibles (1 y 2). La versión por defecto en dispositivos Cisco IOS es la versión 1.
- Los mensajes hello se envían a la IP 224.0.0.2 utilizando UDP puerto 1985 en la versión 1. La versión 2 utiliza la IP 224.0.0.102 y el mismo puerto UDP. Estos puertos UDP deben estar permitidos en el caso de utilizarse listas de acceso sobre el tráfico entrante en los puertos LAN.

Los dispositivos que brindan redundancia participan de un mismo grupo de HSRP e intercambian mensajes entre sí que les permiten:

- Negociar cuál es el dispositivo que quedará como activo y cuál como standby.
- Detectar el fallo del dispositivo activo para que el dispositivo standby cambie de estado y pase a operar como activo.
- Cuando se detecta un fallo y el dispositivo standby pasa a modo activo, entonces envía un gratuitous ARP con la MAC virtual como dirección de origen para actualizar la tabla CAM de todos los switches en la red.

El router activo:

- Responde las solicitudes ARP dirigidas a la IP virtual con la MAC virtual.
- Se ocupa de reenviar los paquetes enviados al router virtual.
- Envía mensajes hello HSRP.

El router standby:

- Envía mensajes hello HSRP.
- Espera mensajes periódicos del router activo.
- Asume el rol de activo si no recibe hellos del router activo.

HSRP no permite hacer balanceo de tráfico ya que inevitablemente, dentro de un grupo HSRP, sólo puede haber un dispositivo activo a la vez.

Sin embargo es posible distribuir tráfico entre diferentes dispositivos a partir del diseño. Si la red está segmentada en más de una VLAN, y cada VLAN corresponde a una subred diferente, entonces cada VLAN deberá tener un gateway diferente. De este modo se han de configurar diferentes grupos de HSRP (1 para cada VLAN), y en cada grupo es posible forzar, utilizando el parámetro de prioridad, que el dispositivo activo para cada VLAN sea diferente.

Por ejemplo:

- La red está segmentada en 2 VLANs y cada VLAN mapeada a una subred IP: VLAN 1 (10.1.1.0/24) y VLAN 2 (10.1.2.0/24).
- Hay 2 routers de borde, cada uno configurado con subinterfaces para ambas VLANs.
- Se configuran en ambos dispositivos 2 grupos HSRP: Grupo 1 para la VLAN 1 con IP virtual 10.1.1.1; Grupo 2 para la VLAN 2 con IP virtual 10.1.2.1.
- RouterA será activo para el Grupo 1, con lo que operará como default gateway para la VLAN 1; RouterB será activo para el Grupo 2, con lo que operará como default gateway para la VLAN 2.
- A su vez, cada uno será respaldo (standby) para su contraparte en la VLAN para la que no está activo.

Configuración de HSRP

La operación de HSRP requiere que todos los dispositivos que van a actuar en redundancia estén configurados con:

- El mismo número de grupo.
- La misma IP virtual.

- Opcionalmente se puede configurar un valor de prioridad para definir cuál de los dispositivos quedará como activo y cuál como standby. El dispositivo con prioridad más alta será el activo.

```
RouterA(config)#interface GigabitEthernet 0/0
```

La configuración de HSRP se realiza de modo íntegro en la interfaz que conecta a la red LAN a la que se ha de dar salida.

```
RouterA(config-if)#ip address 10.1.1.2 255.255.255.0
```

La interfaz debe tener su propia configuración IP completa.

```
RouterA(config-if)#standby 100 ip 10.1.1.1
```

Las interfaces se asocian a partir de la definición de un grupo HSRP que está identificado con un ID de grupo de 16 bits (valor 0 a 255). El ID de grupo por defecto es 0.

En el mismo comando se asocia la dirección IP virtual que ha de utilizar el grupo. ID de grupo e IP virtual deben coincidir en todos los dispositivos que forman parte del grupo.

```
RouterA(config-if)#standby 100 priority 110
```

Define un valor de prioridad para esta interfaz dentro del grupo. El valor de prioridad puede estar entre 01 y 255, por defecto es 100, y se elige como activa la interfaz con prioridad más alta. En consecuencia esta interfaz será la activa para el grupo HSRP 100.

```
RouterA(config-if)#standby 100 preempt
```

En caso de que el rol de activo pase al router standby, este no regresa automáticamente. Por este motivo es necesario forzar por configuración que cuando esta interfaz vuelva a estar disponible recupere el rol de activa.

```
RouterB(config)#interface GigabitEthernet 0/0
RouterB(config-if)#ip address 10.1.1.3 255.255.255.0
RouterB(config-if)#standby 100 ip 10.1.1.1
```

Un ejemplo en un switch capa 3:

```
SwitchA(config)#interfaz vlan 10
SwitchA(config-if)#ip address 10.1.10.2 255.255.255.0
SwitchA(config-if)#standby 10 ip 10.1.10.1
SwitchA(config-if)#standby 10 priority 110
SwitchA(config-if)#standby 10 preempt
SwitchA(config-if)#no shutdown

SwitchB(config)#interface vlan 10
SwitchB(config-if)#ip address 10.1.10.3 255.255.255.0
```

```
SwitchB(config-if)#standby 10 ip 10.1.10.1
SwitchB(config-if)#no shutdown
```

Verificación

```
Router#show standby
```

Da información detallada de estado y operación del protocolo: router activo y router standby, IP y MAC virtuales, prioridad configurada, etc.

```
Router#show standby brief
```

Permite verificar de modo sintético la operación del protocolo.

Entre los problemas más habituales que surgen en la configuración se destacan:

- Errores en la configuración de la dirección IP del grupo.
  Los mensajes de estado en la consola del dispositivo notifican de esta situación.

- Errores en la configuración del ID del grupo.
  En este caso los dispositivos levantarán cada uno como activo, y si la IP virtual está bien definida se manifestará en los mensajes de estado como una duplicación de IPs.

- Falta de coincidencia en la versión de HSRP utilizada.
  Esto también provocaría que ambos dispositivos aparezcan como activos y surjan mensajes de duplicación de direcciones IPs.

- Paquetes HSRP hello bloqueados.

2.5. Enrutamiento IP

Las abreviaturas y siglas utilizadas en este manual se encuentran desarrolladas en el Glosario de Siglas y Términos de Networking que está disponible en la Librería en Línea de EduBooks: https://es.scribd.com/document/292165924/Glosario-de-Siglas-y-Terminos-de-Networking-version-1-2

Síntesis del temario del examen ICND1

Principios del enrutamiento IP

La tabla de enrutamiento contiene la información correspondiente a todos los destinos posibles conocidos, e incluye:

- Identificador de la red de destino.
- Dispositivo vecino.
- Forma en que se mantiene y verifica la información.
- La mejor ruta a cada red remota.

El router aprende acerca de las redes remotas:

- Dinámicamente.
- Estáticamente.

Funciones básicas del router:

- Determinación de las rutas.
- Reenvío de paquetes.

Mecanismos de reenvío de paquetes:

- Process switching.
- Fast switching.
- Cisco Express Forwarding.

La tabla de enrutamiento

- Conjunto ordenado de información referida al modo de alcanzar diferentes redes de destino.

Generación de la tabla de enrutamiento

- Redes directamente conectadas.
- Rutas estáticas.
- Rutas dinámicas.
- Ruta por defecto.

C	Redes directamente conectadas
L	Rutas locales: interfaces del dispositivo
S	Rutas estáticas
(*)	Identifica la ruta por defecto
R	Rutas aprendidas a través del protocolo RIP
O	Rutas aprendidas a través del protocolo OSPF
D	Rutas aprendidas a través del protocolo EIGRP

Protocolos de enrutamiento

- Un sistema autónomo o dominio de enrutamiento es un conjunto de dispositivos bajo una administración única.
- Protocolos de Enrutamiento Interior:
    - RIP
    - EIGRP
    - OSPF
    - IS-IS
- Protocolos de Enrutamiento Exterior:
        - BGPv4

Todos los protocolos de enrutamiento cubren básicamente 3 propósitos:

- Descubrir la existencia de redes remotas.
- Mantener la información de enrutamiento actualizada.
- Seleccionar la mejor ruta hacia la red destino

Comparación entre enrutamiento vector distancia y estado de enlace

- Se diferencian en función del algoritmo que utilizan para procesar la información de enrutamiento que intercambian.
- Protocolos de vector distancia.
  - Determina básicamente la dirección y distancia a la que se encuentra la red de destino.
  - Estos protocolos envían actualizaciones en las que incluyen toda la información contenida en la tabla de enrutamiento.
- Protocolos de estado de enlace.
  - Cada router construye su propio mapa de la topología de la red.
  - Utiliza el algoritmo SPF con el que se genera una visión completa de la topología de la red y se elige la mejor ruta a cada red.

Protocolos por vector distancia	Protocolos por estado de enlace
Implementan el algoritmo Bellman-Ford.	Implementan el algoritmo de Dijkstra.
Visualiza la red sólo desde la perspectiva de los vecinos.	Buscan una visión común de la topología de la red íntegra.
Realizan actualizaciones periódicas.	Los eventos activan la actualización.
Transmiten copias completas o parciales de la tabla de enrutamiento.	Transmiten solo actualizaciones del estado de los enlaces.
Requieren menor procesamiento y memoria RAM; pero utilizan mayor ancho de banda.	Requieren mayor procesamiento y memoria RAM; pero utilizan menor ancho de banda.
RIP EIGRP	OSPF IS-IS

La métrica

- Parámetro generado por el algoritmo de enrutamiento para cada ruta que refleja la "distancia" existente entre el dispositivo y la red de destino.
- Es el resultado de la operación del algoritmo del protocolo a partir de uno o varios parámetros combinados.
- La menor métrica es la que corresponde a la mejor ruta.
- Cada protocolo de enrutamiento utiliza diferentes métricas:

- Ancho de banda.
- Delay.
- Cantidad de saltos.
- Costo.

La Distancia Administrativa

- Valor que permite clasificar las diferentes rutas que se aprenden de acuerdo a la confiabilidad de la fuente de información de enrutamiento.
- IOS utiliza este parámetro para seleccionar la mejor ruta.
- Valor entero entre 0 y 255
- A menor valor denota mayor confiabilidad.
- Cada protocolo tiene un valor asignado por defecto.

Fuente de información de ruteo	Valor
Ruta a una red directamente conectada	0
Ruta estática (por defecto)	1
Ruta eBGP	20
Ruta EIGRP interna	90
Ruta OSPF	110
Ruta IS-IS	115
Ruta RIP	120
Ruta EIGRP externa	170
Ruta iBGP	200
Ruta inalcanzable	255

Determinación de la ruta

- Cuando hay información referida a una misma red destino de diferente origen, el router utiliza la distancia administrativa para definir cuál es la mejor ruta hacia ese destino.
- Cuando hay varias rutas con la misma distancia administrativa, se utiliza la métrica para seleccionar la mejor ruta.
- Cuando se encuentran varias rutas posibles, se selecciona aquella de prefijo de mayor longitud.

Configuración de las interfaces del router

- Son el punto de conexión con las diferentes redes.

Tipos básicos de interfaces físicas:

- Interfaces Ethernet o LAN.
- Interfaces Seriales o WAN.
- Interfaces loopback.

Configuración de interfaces loopback

```
Router#configure terminal
Router(config)#interface loopback 0
Router(config-if)#ip address 192.168.100.1 255.255.255.255
Router(config-if)#exit
Router(config)#
```

Configuración de interfaces Ethernet

```
Router(config)#interface GigabitEthernet0/0
Router(config-if)#ip address 172.16.1.1 255.255.255.0
Router(config-if)#no shutdown
Router(config-if)#exit
```

Configuración de interfaces Seriales

```
Router(config)#interface Serial0/0/0
Router(config-if)#encapsulation [ppp|hdlc|frame]
Router(config-if)#ip address 172.16.20.1 255.255.255.0
Router(config-if)#no shutdown
Router(config-if)#exit
```

Verificación de la configuración y estado de las interfaces

```
Router#show ip interface brief
Router#show protocols Serial0/0/0
Router#show interfaces
```

Enrutamiento estático

- Ruta manualmente ingresada en la tabla de enrutamiento.
- Debe ser mantenida manualmente.

Puede ser conveniente utilizar rutas estáticas cuando:

- La red es pequeña y está constituida por unas pocas rutas.
- La red está conectada a Internet a través de un único service provider.

- La red está configurada sobre un modelo hub-and-spoke.
- Es necesario implementar rápidamente una ruta con un propósito específico.

Configuración de una ruta estática IPv4:

```
Router(config)#ip route [red destino] [máscara] [próximo salto]
[distancia administrativa]
```

Un ejemplo:

```
Router(config)#ip route 201.15.14.0 255.255.255.0 191.35.152.17 10
Router(config)#ip route 201.15.10.0 255.255.255.0 Serial0/0/0 10
```

Configuración de una ruta estática IPv6:

```
Router#configure terminal
Router(config)#ipv6 unicast-routing
Router(config)#ipv6 route 2001:DB8:0:1::/64 Serial0/0/0 10
```

Rutas por Defecto

- Ruta utilizada para enrutar paquetes que tienen como destino una dirección perteneciente a una red para la cual no hay una ruta específica en la tabla de enrutamiento.
- Puede ser utilizada por cualquier dirección IP de destino.

Se utilizan rutas por defecto:

- En la conexión a Internet.
- Cuando se trata de una red stub.

Configuración de una ruta por defecto

```
Router(config)#ip route 0.0.0.0 0.0.0.0 191.35.152.17
Router(config)#ip route 0.0.0.0 0.0.0.0 Serial 0/0/0
```

Para configurar una ruta por defecto para enrutamiento IPv6:

```
Router(config)#ipv6 route ::/0 Serial 0/0/0
```

Enrutamiento Dinámico

- Protocolo de enrutamiento dinámico: conjunto de procesos, algoritmos y formatos de mensajes que permiten intercambiar información de enrutamiento entre dispositivos con el propósito de construir las tablas de enrutamiento.

Operación de los protocolos de enrutamiento:

- Los dispositivos envían y reciben mensajes con información de enrutamiento a través de sus interfaces.
- El dispositivo comparte su información de enrutamiento con otros dispositivos.
- El dispositivo aprende respecto de la existencia y la forma de llegar a redes remotas.
- Cuando se detecta un cambio de topología se notifica de este cambio a los otros dispositivos en el dominio de enrutamiento.

RIP versión 2

- Es un protocolo de enrutamiento por vector distancia classless.
- RFC 2453.
- Métrica: número de saltos
- Métrica máxima: 15 saltos / 16 saltos = inalcanzable
- Algoritmo Bellman-Ford
- ID en la tabla de enrutamiento: R
- Distancia Administrativa: 120
- Temporizadores:
    - Período de actualización: 30 segundos
    - Período de invalidación de ruta: 90 segundos
    - Período de renovación de rutas: 240 segundos
- Propagación por multicast: 224.0.0.9
- Balancea carga hasta entre 6 rutas de igual métrica, 4 por defecto.
- Admite autenticación para sus actualizaciones: texto plano (por defecto) o cifrado utilizando MD5.
- Sumariza rutas por defecto automáticamente al límite de la clase.

Configuración

```
Router(config)#router rip
Router(config-router)#version 2
Router(config-router)#network 172.16.0.0
Router(config-router)#timers basic 60 180 180 240
```

```
Router(config-router)#no auto-summary
Router(config-router)#passive-interface GigabitEthernet0/0
Router(config-router)#passive-interface default
Router(config-router)#no passive-interface Serial0/0
Router(config-router)#default-information originate
```

Monitoreo

```
Router#show ip protocol
Router#show ip route
Router#show ip route rip
Router#show ip rip database
```

Enrutamiento IPv6

- Se requieren protocolos de enrutamiento específicos que respondan a la arquitectura de IPv6.
- Además del enrutamiento estático es posible utilizar algunos protocolos de enrutamiento:
  - RIPng.
  - OSPFv3.
  - IS-IS.
  - EIGRP.
  - MP-BGP.
- En IOS el enrutamiento IPv6 se encuentra inactivo por defecto.

```
Router#configure terminal
Router(config)#ipv6 unicast-routing
```

Configuración de enrutamiento estático IPv6

```
Router#configure terminal
Router(config)#ipv6 route 2001:db8:0:1::/64 Serial0/1
Router(config)#ipv6 route ::/0 Serial0/0
```

Verificación del enrutamiento IPv6

```
Router#show ipv6 route
Router#show ipv6 route static
Router#traceroute 2001:db8:0:1::10
```

 Lo desarrollado hasta este punto es una síntesis del temario del examen ICND1 creado con la intención de brindar una herramienta de repaso de esos temas.
Un desarrollo completo de estos temas puede encontrarse en el Apunte Rápido CCENT versión 6.1 que ya he publicado.

Protocolos de enrutamiento

Protocolos classful y classless

Hay otra visión diferente entre protocolos de enrutamiento según el modo en que se publican las redes de destino:

- Enrutamiento classful.
  Estos protocolos no incluyen la información de la máscara de enrutamiento correspondiente en las rutas publicadas.
  Cuando se utilizan estos protocolos todas las subredes pertenecientes a una misma red (clase A, B o C) deben utilizar la misma máscara de subred. En este caso los routers aplican sumarización automática de rutas cuando se publican rutas más allá de las fronteras de la red. Estos protocolos son considerados obsoletos hoy.

- Enrutamiento classless.
  Son considerados protocolos de enrutamiento de segunda generación ya que están diseñados para superar las limitaciones de los protocolos de enrutamiento classful iniciales.
  Estos protocolos incluyen la máscara de subred en las actualizaciones de las rutas publicadas, lo que posibilita en consecuencia variar la máscara de subred en las diferentes subredes que componen una red (VLSM) y controlar manualmente la sumarización de rutas a cualquier posición de bit dentro de la dirección (CIDR).

Selección de una ruta para un paquete

Cuando se procesa un paquete para definir el reenvío del mismo hacia su destino:

- Si la dirección de destino coincide con una única entrada en la tabla de enrutamiento, se reenvía el paquete a través de la interfaz que está definida en el route.

- Si la dirección de destino coincide con más de una entrada en la tabla de enrutamiento, y esas entradas tienen el mismo prefijo, los paquetes a ese destino se distribuyen entre las múltiples rutas que estén contenidas en la tabla de enrutamiento.

- Si la dirección de destino coincide con más de una entrada en la tabla de enrutamiento, pero esas entradas tienen diferente prefijo, el paquete se reenviará a través de la interfaz indicada por la ruta de prefijo más largo.

- Si la dirección de destino del paquete no coindice con ninguna entrada en la tabla de enrutamiento, se utiliza la ruta por defecto.
  Si no hay una ruta por defecto, se descarta el paquete.

Protocolos de enrutamiento por vector distancia

Estos protocolos se basan en el envío a cada uno de los dispositivos vecinos la información contenida en la tabla de enrutamiento. El envío se repite utilizando intervalos fijos de tiempo.

Cuando se recibe una actualización se compara la información recibida con la contenida en la propia tabla de enrutamiento:

- Para establecer la métrica se toma la métrica recibida en la actualización y se le agrega la del propio enlace.

- Si la ruta aprendida es mejor (menor métrica) que la contenida en la tabla de enrutamiento, se actualiza la tabla de enrutamiento con la nueva información.

Los eventos que pueden provocar una actualización son varios:

- La falla de un enlace.

- La activación de un nuevo enlace.

- La falla de un dispositivo.

- El cambio de los parámetros de un enlace.

Estos protocolos son sensibles a la posibilidad de generación de bucles de enrutamiento. Denominamos bucle de enrutamiento a la condición por la cual un paquete se reenvía indefinidamente a través de una serie de dispositivos sin que alcance nunca la red de destino.

Para prevenir o solucionar este inconveniente los protocolos de vector distancia implementan varios recursos:

- Cuenta al infinito.
  Es una contramedida que soluciona un posible bucle de enrutamiento.
  Para esto se define “infinito” como una cantidad máxima de saltos (dispositivos de capa 3) que puede contener una ruta para alcanzar un destino.
  Cuando la ruta se propaga a través de la cantidad de saltos máxima definida por el protocolo se considera que la red de destino está a una distancia infinita y por lo tanto es inalcanzable.

Número máximo de saltos RIP = 15
Número máximo de saltos EIGRP=224

- Horizonte dividido (Split horizon).
  Técnica para prevenir la formación de bucles.

La regla indica que nunca es útil reenviar información sobre una ruta a través de la misma interfaz a través de la cual se recibió esa información.

- Ruta envenenada (Route poisoning).
  Mecanismo para prevenir la formación de bucles.
  Permite marcar una ruta como inalcanzable y enviarla utilizando una actualización de enrutamiento de manera tal que se evita que los dispositivos vecinos reciban actualizaciones incorrectas respecto de una nueva ruta hacia la red que ha salido de operación.

- Temporizadores de espera (Hold-down timers).
  Se utilizan para evitar que las actualizaciones regulares reinstalen una ruta inapropiada en la tabla de enrutamiento.
  Fuerzan a que el dispositivo retenga algunos cambios, por un período de tiempo determinado, antes de incorporarlos en la tabla de enrutamiento.
  Habitualmente es un período de tiempo equivalente a tres veces el intervalo de actualización utilizado por el protocolo.

- Actualizaciones desencadenadas.
  Es un mecanismo diseñado para acelerar la convergencia en caso de cambios en la red.
  Para esto se utilizan actualizaciones desencadenadas que se envían inmediatamente en respuesta a un cambio, sin esperar el período de actualización regular.

Protocolos de enrutamiento por estado de enlace

Los protocolos por estado de enlace son mecanismos de mantenimiento de información de enrutamiento de convergencia rápida, escalables y no propietarios de modo que aseguran interoperabilidad ente diferentes fabricantes.

Tienen algunas ventajas respecto de los protocolos de vector distancia:

- Son más escalables.
  Se basan en un diseño jerárquico con lo que pueden escalar bien en redes muy grandes (cuando están adecuadamente diseñadas).

- Cada dispositivo tiene la información completa de la topología de la red.
  Esto permite que cada dispositivo pueda definir una ruta completa libre de bucles basado en el costo para alcanzar cada vecino.

- Las actualizaciones se envían cuando se produce un cambio en la topología, y se inundan periódicamente (por defecto cada 30 minutos).

- Responde rápidamente a los cambios en la topología.

- Hay mayor intercambio de información entre los dispositivos.
  Cada dispositivo tiene toda la información referida a otros dispositivos y los enlaces que los conectan.

Estructura de la información

Para su operación estos protocolos mantienen varias tablas o bases de datos:

- Base de datos de adyacencias.
  Utilizando paquetes hello detecta y negocia relaciones de vecindad con dispositivos adyacentes. A partir de esta negociación recaba información con la que mantiene una base de datos de los dispositivos OSPF directamente conectados con los que mantiene intercambio de información.

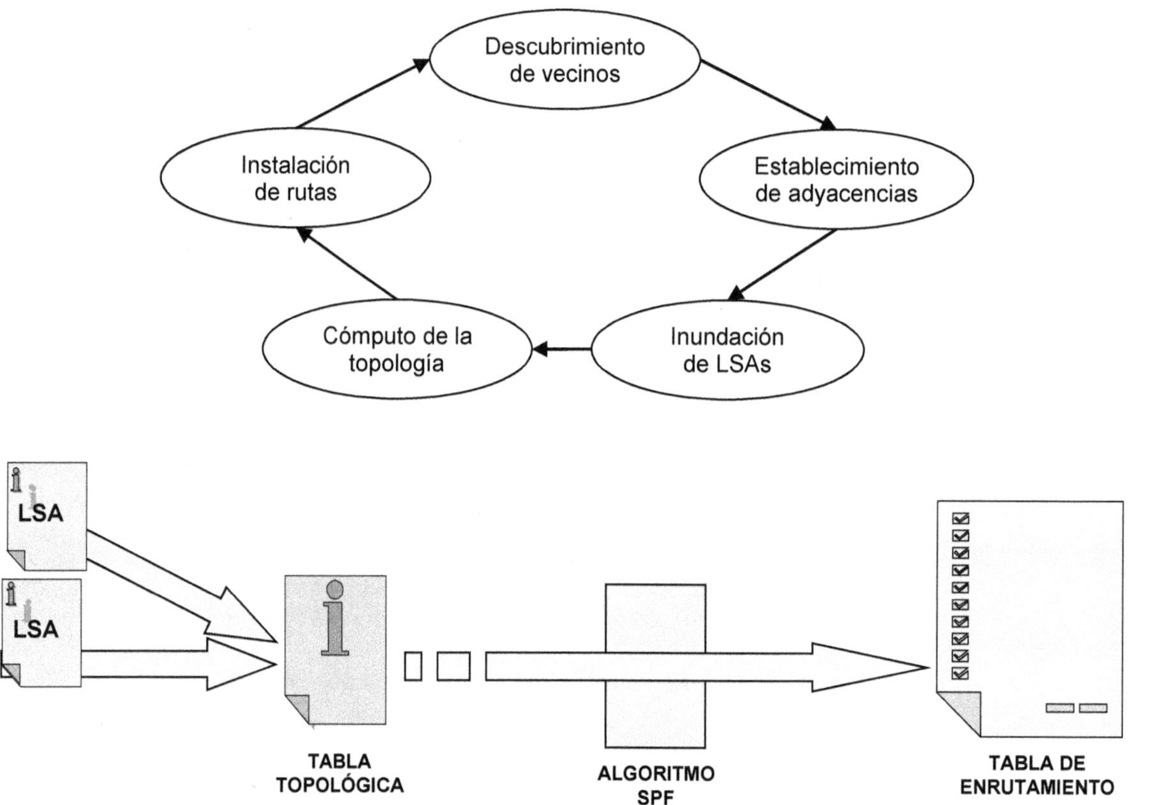

- Base de datos topológica.
  Una vez establecida la relación de vecindad los dispositivos sincronizan su base de datos topológica (LSDB) intercambiando LSAs. Esto es el fundamento para mantener una base de datos con la información completa del estado de todos los enlaces que componen la red.
  Todos los dispositivos de un área tienen la misma base de datos topológica.

La unidad básica para el intercambio de información son los LSAs. Un LSA describe un dispositivo y la red que está conectada a ese dispositivo. Cada vez que se produce un cambio en la topología se generan nuevos LSAs que se propagan a través de la red.

La descripción de un enlace incluye:

- Interfaz del dispositivo.
- Dirección IP y máscara de subred.
- Tipo de red.
- Dispositivos conectados a ese segmento de red.

Como resultado final, luego de aplicar el algoritmo de Dijkstra a la base de datos topológica se determina la ruta más corta a cada destino que se propone a la tabla de enrutamiento.

Enhanced Interior Gateway Routing Protocol (EIGRP)

Se trata de un protocolo de vector distancia avanzado desarrollado por Cisco y convertido en un estándar abierto en el año 2013.

Sus principales características son:

- Protocolo de enrutamiento por vector distancia avanzado.
- Protocolo propietario de Cisco.

Atención:
Si bien a efectos del examen de certificación EIGRP sigue siendo un protocolo propietario de Cisco, en enero de 2013 Cisco Systems anunció su apertura, y ha pasado a ser un protocolo de tipo abierto detallado en un conjunto de RFCs de la IETF.

- Mantiene una tabla de vecindades y una tabla topológica.
- Algoritmo de selección de mejor ruta: DUAL
  Utiliza la Máquina de Estado Finito DUAL (FSM).
  Calcula las rutas con la información que le proveen la tabla de vecindades y la tabla topológica asegurando de esta manera rutas libres de bucles y rutas de respaldo a lo largo de todo el dominio de enrutamiento.
- Implementa el concepto de "rutas sucesoras".
- Si una ruta deja de estar disponible inmediatamente propone a la tabla de enrutamiento la ruta sucesora; si no existe una ruta sucesora se inicia un requerimiento a los vecinos para descubrir la posibilidad de una ruta alternativa.
- No realiza actualizaciones periódicas.
  Sólo se envían actualizaciones cuando una ruta cambia (actualizaciones

incrementales). Estas actualizaciones se envían solamente a los dispositivos que son afectados por los cambios.
De esta forma se minimizan los requerimientos de ancho de banda.

- Envía paquetes hello utilizando multicast: 224.0.0.10 o FF02::A.
  Cuando se trata de comunicarse con un vecino específico, utiliza unicast.

- En los paquetes hello se incluyen los temporizadores, si no se recibe un hello de un vecino dentro del intervalo de tiempo definido como hold time DUAL informará de un cambio topológico.

- Soporta VLSM, enrutamiento de redes discontinuas y sumarización de rutas.

- Por defecto NO sumariza rutas.
  Se puede activar sumarización automática, al límite de la clase; o se puede realizar sumarización manual de rutas.

 En versiones anteriores de IOS la sumarización automática de rutas se encontraba habilitada por defecto.

- Soporta autenticación con intercambio de claves predefinidas y cifradas con MD5.
  Se autentica el origen de cada actualización de enrutamiento.

- Diseño modular utilizando PDM.
  Soporta múltiples protocolos enrutados: IPv4, IPv6, IPX y AppleTalk

- Utiliza RTP (protocolo propietario de capa de transporte) para asegurar una comunicación confiable.

- Métrica de 32 bits compuesta: ancho de banda, retraso, confiabilidad y carga.
  Métrica por defecto = ancho de banda + retardo.

- Balancea tráfico entre rutas de igual métrica. 4 por defecto, máximo 32 (depende de la plataforma).
  Es posible definir balanceo de tráfico entre rutas de diferente métrica.

- Cantidad máxima de saltos: 224.

- ID en la tabla de enrutamiento: `D` (para rutas externas `D EX`).
  La letra "D" está tomada del algoritmo que utiliza para la evaluación de la información: DUAL.

- Distancia Administrativa: 90 (170 para rutas externas).

- Su configuración requiere que se defina un número de Sistema Autónomo (AS).

Los routers EIGRP mantienen tablas de información interna del protocolo:

- Una Tabla de vecinos.
  Es un registro de los vecinos que descubre a través del intercambio de paquetes de hello y con los que establece adyacencias.
  Se utiliza para hacer seguimiento de cada uno de los vecinos utilizando paquetes hello.

- Una tabla topológica.
  Contiene todas las rutas a cada destino posible descubiertas por el protocolo a través de los dispositivos vecinos

Selección de rutas EIGRP

La selección de la mejor ruta es realizada por el protocolo a partir de la información contenida en la tabla topológica; en dicha tabla se mantiene para cada una de las redes destino posibles:

- La métrica con la que cada vecino publica cada una de las diferentes rutas a esa red destino (AD).

- La métrica que el dispositivo calcula para alcanzar esa red destino a través de ese dispositivo sucesor utilizando esa ruta (FD – Feasible Distance).
  FD = AD + Métrica para alcanzar el vecino
  La feasible distance será la métrica de enrutamiento que se asignará a esa ruta si es colocada en la tabla de enrutamiento.

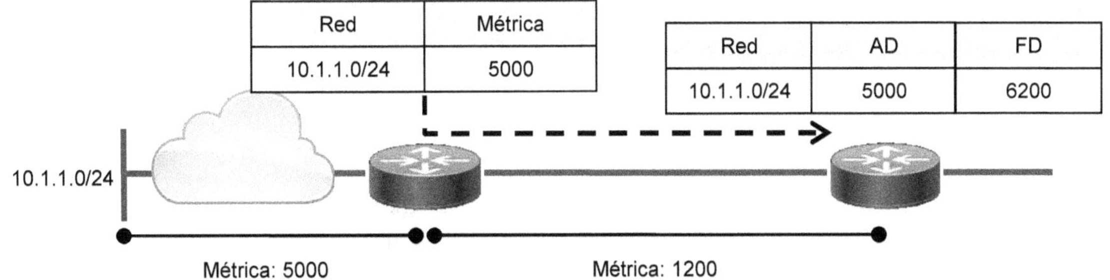

Como resultado del análisis de estas métricas, la ruta con menor métrica (successor route) es propuesta a la tabla de enrutamiento como la mejor ruta; y se elige una ruta de respaldo o feasible successor route.

Para esto el algoritmo de EIGRP compara las FDs de todas las rutas al mismo destino y selecciona la ruta con menor FD; esta será la ruta propuesta para la tabla de enrutamiento del dispositivo.

Si por cualquier motivo la ruta seleccionada (successor route) deja de estar disponible o ser válida el algoritmo DUAL:

1. Verifica si se ha seleccionado un feasible sucesor a la red destino; si hay un feasible sucesor se lo utiliza como ruta de respaldo evitando así la necesidad de procesar nuevamente la información de enrutamiento.

2. Si no hay un feasible successor la ruta cambia a estado activo e inicia un proceso de re cómputo para obtener una nueva successor route.
   Este proceso es intensivo en requerimiento de procesador, por lo que se intenta evitar todo lo posible esta situación previendo la presencia de un feasible successor en la tabla topológica.

Métrica

EIGRP implementa una métrica compuesta calculada a partir de 4 parámetros; 2 por defecto y 2 opcionales.

Componentes por defecto:

- Ancho de banda.
  El menor ancho de banda de todas las interfaces salientes en la ruta entre origen y destino expresado en kilobits por segundo. No es un valor acumulativo.

- Delay.
  Suma acumulada del delay que se acumula a lo largo de la ruta al destino, expresada en decenas de microsegundos.

Adicionalmente puede considerar:

- Confiabilidad.
  Representa el tramo menos confiable en la ruta entre origen y destino, tomando como base los keepalives.

- Carga.
  Representa el enlace con mayor carga en la ruta entre origen y destino, tomando como base la tasa de paquetes y el ancho de banda configurado en las interfaces.

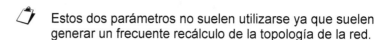

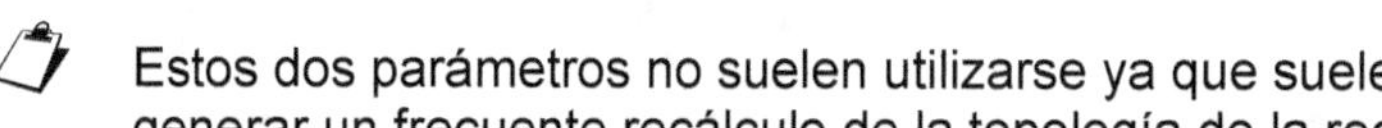

Estos dos parámetros no suelen utilizarse ya que suelen generar un frecuente recálculo de la topología de la red.

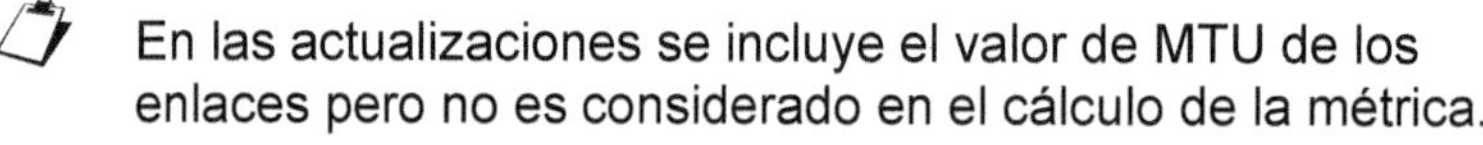

En las actualizaciones se incluye el valor de MTU de los enlaces pero no es considerado en el cálculo de la métrica.

El valor de cada uno de estos parámetros en las diferentes interfaces puede revisarse utilizando el comando show interface.

Los valores de ancho de banda y delay pueden ser establecidos en cada interfaz por configuración.

```
Router#show interface Serial0/0/0
Router#configure terminal
Router(config)#interface Serial0/0/0
Router(config-if)#bandwidth 4000
```

Establece un valor de referencia para el ancho de banda, expresado en Kbps.

```
Router(config-if)#delay 10000
```

Define un valor de delay, expresado en microsegundos, para la interfaz.

Estos 4 parámetros se integran en una fórmula de cálculo en la que son modificados utilizando valores constantes (K1, K2, K3, K4 y K5) que pueden ser modificados por configuración y que reciben la denominación de "pesos".

Por defecto K1=1 y K3=1; K2=0, K4=0 y K5=0. Esto resulta en que solamente se utilizan en el cálculo el ancho de banda y el delay.

El valor de los "pesos" de cada constante se incluye en los mensajes hello y debe ser igual en los dispositivos que componen el mismo sistema autónomo. De lo contrario no se establece relación de vecindad.

Balanceo de carga

Es la capacidad del dispositivo de distribuir el tráfico entre múltiples rutas de igual métrica; esto permite aumentar la utilización de los diferentes segmentos de red.

EIGRP tiene la posibilidad de distribuir carga entre enlaces de igual o desigual métrica.

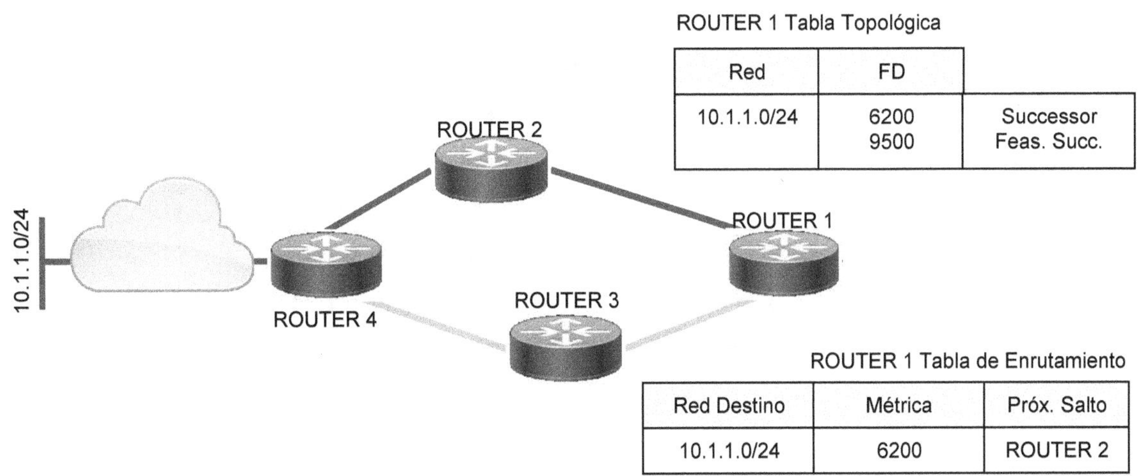

Balanceo de carga entre rutas de igual métrica

- Es el modo de operación por defecto.
- Por defecto balancea carga en hasta 4 rutas de igual métrica a través de la instalación de hasta 4 rutas de igual métrica en la tabla de enrutamiento.
- La cantidad máxima de rutas posibles para el balanceo depende de la plataforma.

Balanceo de carga entre rutas de diferente métrica

- Se puede balancear tráfico entre rutas que tengan una métrica hasta 128 veces peor que la métrica de la successor route elegida.

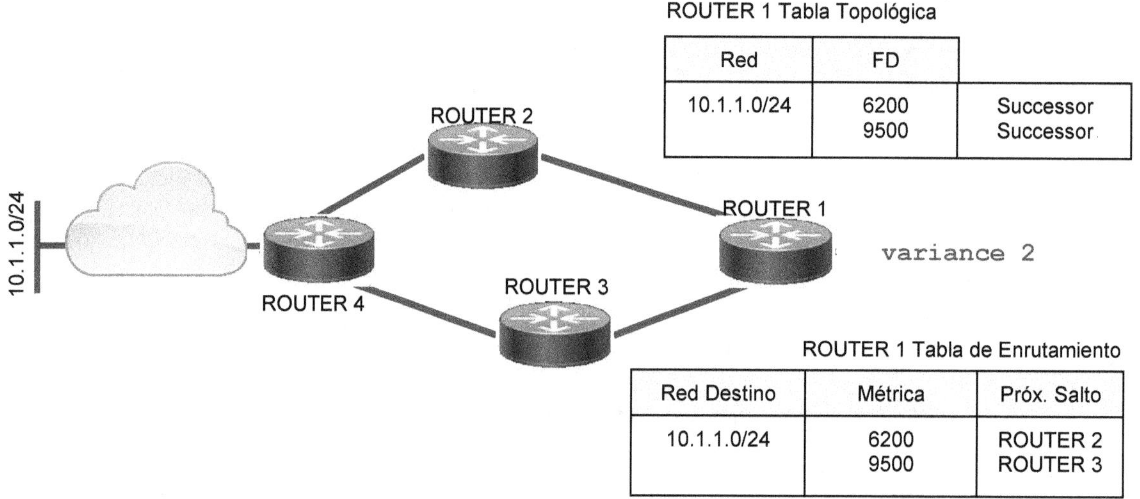

Configuración de EIGRP en redes IPv4

```
Router(config)#router eigrp 1
```

Selecciona el protocolo de enrutamiento e ingresa al submodo de configuración del mismo.

Requiere la asignación de un ID de sistema autónomo (1 a 65535), que debe ser igual en todos los dispositivos que participan del mismo dominio de enrutamiento. En este caso se utiliza el ID de sistema autónomo 1. En el caso de EIGRP el ID de sistema autónomo es elegido por el Administrador de la red.

```
Router(config-router)#network 172.16.1.0 0.0.0.255
```

Declara las interfaces que participan del intercambio de información de enrutamiento enunciando las redes a las que pertenecen esas interfaces. Se puede utilizar máscara de wildcard para especificar una subred o un conjunto de subredes en particular.

Si no se utiliza la máscara de wildcard se asuma la red al límite de la clase con lo que incluye todas las interfaces que pertenecen a diferentes subredes de la misma red.

IOS 15 permite utilizar también la máscara de subred. En este caso IOS convertirá automáticamente la máscara de subred a máscara de wildcard.

```
Router(config-router)#maximum-paths 2
```

Ajusta el balanceo de tráfico entre hasta 2 rutas con igual métrica. El máximo posibles es 32.

Si se define el valor 1, se suprime el balanceo de tráfico.

```
Router(config-router)#shutdown
```

EIGRP incluye la posibilidad de apagar el proceso del protocolo de enrutamiento utilizando el comando shutdown.

El comportamiento por defecto es diferente en distintas versiones de IOS, por lo que en algunos casos puede ser necesario ejecutar el comando no shutdown.

```
Router(config-router)#eigrp router-id 1.1.1.1
```

Permite definir un router ID manualmente. Cada dispositivo debe tener un router ID único dentro del dominio de enrutamiento.

Si no se configura un router ID el proceso selecciona la dirección IP más alta de las interfaces de loopback; si no hay interfaces de loopbak se asume la dirección IP más alta de las interfaces activas. El router ID no cambia a menos que se reinicie el proceso.

El router ID se utiliza para validar el origen de las comunicaciones EIGRP.

```
Router(config-router)#passive-interface GigabitEthernet0/0
```

Interrumpe el envío de paquetes EIGRP hello sobre una interfaz específica, con lo que no se establecerá una relación de vecindad a través de ella. También se suprime el envío y recepción de actualizaciones de enrutamiento EIGRP.

No se forman adyacencias a través de interfaces que han sido pasivadas.

```
Router(config-router)#passive-interface default
```

Todas las interfaces en las que se ha activado el protocolo de enrutamiento se asumen como pasivas por defecto. Este comando impide el establecimiento de adyacencias con cualquier dispositivo vecino, por lo tanto para que el protocolo realmente opere es necesario complementarlo con la indicación de cuáles son las interfaces a través de las cuáles se debe establecer adyacencias.

```
Router(config-router)#no passive-interface Serial 0/0/0
```

Cuando la opción por defecto es que las interfaces son pasivas para el intercambio de información, elimina esa restricción en una interfaz específica.

Verificación

```
Router(config-router)#exit
Router#show ip route eigrp
```

Muestra las rutas aprendidas utilizando EIGRP que se han ingresado en la tabla de enrutamiento.

```
Router#show ip protocols
```

Permite verificar cuáles son las interfaces que han sido pasivadas en la configuración.

```
Router#show ip eigrp interfaces
```

Visualiza las interfaces sobre las cuáles EIGRP se encuentra activo.

Indica cuántos vecinos se han encontrado a través de cada interfaz, la cantidad de paquetes EIGRP en cola de espera, etc.

```
Router#show ip eigrp interfaces GigabitEthernet 0/0
```

Muestra la información pertinente para una interfaz en particular.

```
Router#show ip eigrp neighbors
```

Muestra los dispositivos vecinos que EIGRP ha descubierto y con los cuales intercambia información de enrutamiento.

Indica si el intercambio con ese vecino se encuentra activo o inactivo.

```
Router#show ip eigrp topology
```

Muestra la tabla topológica de EIGRP, el estado de las rutas (activa o pasiva), el número de successors router encontradas, y la métrica al destino.

```
Router#show ip eigrp topology all-links
```

Muestra en el resultado todas las rutas aprendidas, aún aquellas que no alcanzan la categoría de feasible route.

Balanceo de carga

```
Router#configure terminal
Router(config)#router eigrp 1
Router(config-router)#maximum-paths 3
```

Especifica el número de rutas a un mismo destino que EIGRP puede incorporar en la tabla de enrutamiento.

El valor por defecto es 4, un valor de 1 suprime el balanceo de carga. El valor máximo depende de la plataforma.

Por defecto se trata de rutas de igual métrica.

```
Router(config-router)#variance 2
```

Habilita la posibilidad del balanceo de carga entre rutas de diferente métrica. El valor por defecto es 1 (utiliza solo rutas de igual métrica).

Define un valor ente 1 y 128 para ser utilizado como múltiplo de los valores de métrica de la mejor ruta que son aceptables para realizar balanceo de tráfico entre rutas de diferente métrica.

EIGRP en redes IPv6

La operación de EIGRP en redes IPv6 es semejante a la operación en redes IPv4, pero exige una configuración y gestión diferenciadas. En el protocolo original se ha incorporado en enrutamiento de IPv6 en un módulo separado.

- Es fácil de configurar.
- Mantiene sus características de protocolo de vector distancia avanzado (en definitiva, es el mismo protocolo).
- El soporte de múltiples protocolos se realiza a través de módulos.
- Soporta IPv6 como un contexto de enrutamiento separado.
- Utiliza direcciones link-local para la definición de adyacencias y el atributo de próximo salto.
- Se configura en las interfaces (no utiliza comandos network).
- Se mantienen tablas de vecinos independientes para IPv4 e IPv6.
- En los demás aspectos operativos del protocolo y el algoritmo permanece igual que en IPv4.

Configuración de EIGRP en redes IPv6

```
Router(config)#ipv6 unicast routing
```

Activa el enrutamiento IPv6.

Este debiera ser el primer comando IPv6 ejecutado en el router.

```
Router(config)#ipv6 router eigrp 1
```

Crea una instancia de enrutamiento EIGRP para IPv6 e ingresa al submodo de configuración del protocolo.

El número de sistema autónomo debe ser el mismo en todos los dispositivos que conforman un dominio de enrutamiento.

```
Router(config-rtr)#no shutdown
```

Como ocurre en IPv4, es posible que el proceso de EIGRP se encuentre apagado, con lo que puede ser necesario activarlo.

```
Router(config-rtr)#exit
Router(config)#interface GigabitEthernet 0/0
Router(config-if)#ipv6 enable
Router(config-if)#ipv6 address FC00:1:1:1::/64 eui-64
Router(config-if)#ipv6 eigrp 1
```

Inicia la operación de la instancia de EIGRP previamente creada, en la interfaz.

```
Router(config-if)#Ctrl-Z
```

Verificación

```
Router#show ipv6 router eigrp
```

Muestra las rutas IPv6 aprendidas utilizando el protocolo EIGRP que se han ingresado en la tabla de enrutamiento IPv6.

```
Router#show ipv6 eigrp 1 interfaces
Router#show ipv6 eigrp 1 neighbors
```

Muestra los vecinos IPv6 descubiertos por el proceso de EIGRP.

```
Router#show ipv6 eigrp 1 topology
```

Muestra la composición de la tabla topológica IPv6 de EIGRP.

Open Shortest Path First (OSPF)

Las principales características de OSPF son las siguientes:

- Protocolo de enrutamiento abierto por estado de enlace.
  Cada uno de los dispositivos tiene una visión completa de la topología de la red.

- Protocolo de enrutamiento classless.
  Soporta VLSM y CIDR.

- Métrica: costo.
  El costo es un valor arbitrario que califica el enlace. Puede ser configurado por el Administrador; Cisco IOS utiliza por defecto el ancho de banda declarado en el comando bandwidth para hacer el cálculo utilizando la fórmula 108 / ancho de banda en bps.

- Balancea tráfico entre rutas de igual métrica.
  4 rutas de igual métrica por defecto, máximo 16.

- Algoritmo de cálculo de la mejor ruta: Dijkstra, también llamado SPF (Shortest Path First).

- ID en la tabla de enrutamiento: O.

- Distancia Administrativa: 110.

- Utiliza paquetes hello para descubrir dispositivos OSPF vecinos y mantener la relación de vecindad.
  El período de actualización de paquetes hello depende del tipo de red:

  - 10 segundos en redes multiacceso y punto a punto.

    - 30 segundos en redes NBMA.

- Además del intercambio de hellos, cuando se produce un evento en la red se desencadena el intercambio de LSAs para actualizar información.

- Permite realizar sumarización manual de rutas.

- Soporta autenticación con intercambio de claves en texto plano o cifradas con MD5.

Establecimiento de adyacencias

La operación del algoritmo de selección de la mejor ruta que es la base de la operación del protocolo se realiza sobre una base de datos de estado de los enlaces compuesta con información recogida de los dispositivos vecinos a partir del intercambio de LSAs.

Los LSAs se intercambian con los dispositivos vecinos con los que se ha establecido relación de adyacencia a partir de una negociación realizada utilizando paquetes hello. No se intercambia información con dispositivos con los que no se ha establecido una relación de adyacencia.

- Los paquetes hello establecen y mantienen la relación de adyacencia.

- Aseguran la comunicación bidireccional entre vecinos.

- Utilizan la dirección de multicast 224.0.0.5.

- Transportan un paquete de información:

    - Router ID.
      Identificador único de 32 bits de longitud.

    - Intervalo de hello y dead.
      Son los temporizadores que definen la periodicidad con la cual se envían paquetes hello y el tiempo durante el cual se mantiene una vecindad sin recibir mensajes hello del vecino. Por defecto el temporizador de dead es cuatro veces el de hello.

    - Vecinos.
      Lista de dispositivos con los que el dispositivo que genera el mensaje tiene intercambio bidireccional de LSAs.

    - ID de área.

    - Prioridad.
      Valor de 8 bits que se utiliza durante la selección de DR y BDR en algunos tipos de red.

    - Dirección IP del router DR.

    - Dirección IP del router BDR.

- Información de autenticación.
  Si se ha definido utilizar autenticación es necesario que los dispositivos adyacentes compartan la misma clave.

- Etiqueta de área stub.
  Un área stub es un tipo especial de área que permite reducir las actualizaciones de enrutamiento que se intercambian. Es necesario que los dispositivos vecinos acuerden también en este modo de operación.

- Para que se pueda establecer una adyacencia es necesario que los dispositivos concuerden en los siguientes elementos:

  - Intervalos de hello y dead.

  - ID de área.

  - Información de autenticación.

  - Etiqueta de área stub.

  - Ambos dispositivos deben estar en la misma subred.
    Los dispositivos que forman vecindad deben pertenecer al mismo segmento de red y utilizar la misma máscara de subred.

Definición del router ID

OSPF utiliza un Router ID para identificar el dispositivo que genera un LSAs. Ese router ID:

- Puede ser configurado manualmente por el Administrador.

- Si el Administrador no configura un RID se utiliza la IP de la interfaz lógica (loopback) más alta.

- Si no hay interfaz de loopback configurada se utiliza la IP de la interfaz física con IP más alta que esté activa al momento de levantar el proceso de OSPF.

 Este proceso considera únicamente las interfaces activas (up/up) en el momento de iniciarse el proceso OSPF.

El RID se define en el momento en que levanta el proceso OSPF y una vez definido se mantiene estable aunque se realicen modificaciones en la configuración del protocolo. Si se realizan modificaciones que afectan el RID y es necesario actualizarlo se deberá reiniciar el proceso del protocolo.

Estados en la negociación de los vecinos

En el establecimiento de una relación de adyacencia los dispositivos vecinos pasan por una serie de estados:

- Mientras no se ha iniciado el intercambio de mensajes hello la relación entre los dispositivos se encuentra en estado DOWN.

- Uno de los dispositivos (a partir de ahora lo llamaré UNO) comienza a enviar mensajes hello a través de todas las interfaces que participan del proceso de OSPF. En este momento UNO no conoce la existencia o identidad de ningún otro dispositivo OSPF.

- Alguno de los dispositivos adyacentes (a partir de ahora lo llamaré DOS) recibe el mensaje hello de UNO que está conectado al mismo segmento y agrega el RID de UNO a la lista de vecinos. Una vez agregado el ID a la lista de vecinos esa relación pasa a estado INIT.

- DOS envía un hello en respuesta al mensaje hello recibido, este en formato unicast, con la información correspondiente. En este mensaje se incluye la lista de todos los vecinos ya establecidos incluyendo a UNO.

- Cuando UNO recibe las respuestas hello agrega en su tabla de vecinos a todos los dispositivos que han incluido su RID en la lista de vecinos. Terminada esta tarea la relación queda en estado TWO-WAY.

Tipos de red OSPF

La operación del protocolo es diferente en distintos tipos de red:

- Redes multiacceso de broadcast.

- Redes multiacceso sin broadcast (NBMA).

- Redes punto a punto. No elige DR.

- Redes punto a multipunto. No elige DR.

Cuando se corre OSPD en redes multiacceso se elige:

- Router designado (DR).

- Router designado de respaldo (BDR).

Esto permite reducir La cantidad de procesamiento necesario en las redes multiacceso para procesar los LSAs que notifican cambios en la red ya que el DR actúa como un punto central de intercambio de información de enrutamiento. De esta manera solamente el DR procesa las actualizaciones y si esto significa un cambio en la tabla topológica se comunica el cambio a los demás vecinos en la red multiacceso.

La elección de DR y BDR se realiza luego de que los dispositivos alcanzan el estado two-way. El criterio de elección es el siguiente:

- Se elige como DR el dispositivo con prioridad más alta.
- A igual valor de prioridad se elige el dispositivo con RID más alto.

Aquellos dispositivos que en una red multiacceso no son elegidos como DR o BDR quedan en estado two-way y a partir de este punto sólo intercambian información con DR y BDR utilizando la dirección multicast 224.0.0.6. DR y BDR siguen utilizando la dirección 224.0.0.5 para sus comunicaciones.

Continuación de la negociación

- Una vez concluida la elección de DR y BDR (cuando corresponde) los dispositivos se encuentran en estado EXSTART y por lo tanto ya están en condiciones de comenzar a procesar información de enrutamiento para poder generar la propia LSDB.
- En este estado, DR y BDR establecen adyacencia con cada uno de los dispositivos en la red. El dispositivo con mayor RID actúa como primario en el proceso de intercambio.
- Los dispositivos pasan a estado EXCHANGE e intercambian paquetes DBD con la información de sus respectivas bases de datos topológicas.
- La recepción de los paquetes DBDs se notifica utilizando paquetes LSAck.
- El dispositivo compara la información de los LSAs recibidos en los DBDs con los LSAs que ya tiene. Si verifica que la información recibida está más actualizada pasa al estado LOADING y envía un paquete LSR para requerir la información específica que necesita.
- El dispositivo vecino responde la solicitud realizada con el LSR enviando paquetes LSU.
- Cuando se completa el suministro de la información que sea necesaria entre ambos dispositivos, pasan al estado FULL.

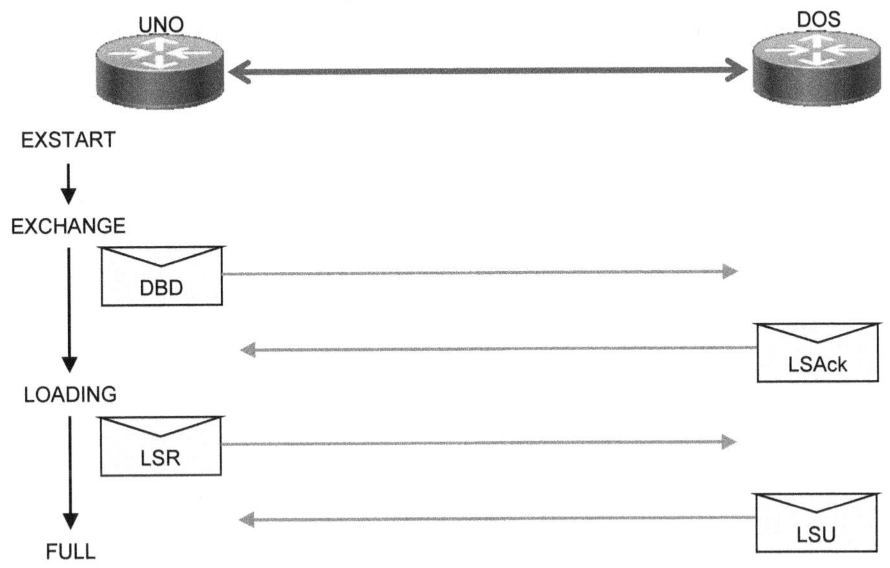

Todos los estados descriptos son transitorios por lo que ningún dispositivo queda de modo permanente en ninguno de ellos, salvo los estados TWO-WAY en los dispositivos no DR y BDR, y FULL.

Sintetizando

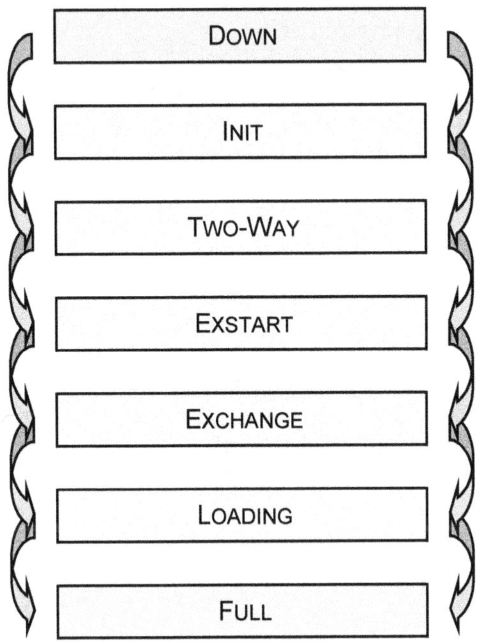

Tipos de paquetes OSPF

OSPF utiliza para el intercambio de información de enrutamiento 5 tipos de paquetes diferentes que comparten el mismo formato.

- Estos paquetes se identifican en el encabezado IP por el ID de protocolo 89.

Diferentes tipos

- Paquetes hello.
  Utilizados para descubrir vecinos y mantener activa la relación con cada uno de ellos.

- Paquete DBD.
  DataBase Description.
  Contienen la información de los encabezados de los LSAs contenidos en la LSDB de un dispositivo de modo que permiten a los dispositivos vecinos construir su LSDB. Describe las rutas que posee en dispositivo.
  Incluye el número de secuencia del LSA, lo que es utilizado por el dispositivo que lo recibe pata determinar cuál es la información más actualizada.

- Paquete LSR.
  Link State Request.
  Paquete utilizado para requerir información de un LSA específico a los vecinos.

- Paquete LSU
  Link State Update.
  Contiene la lista de LSAs cuya actualización se ha requerido, con su información completa.

- Paquete LSAck.
  Es la base del intercambio confiable de información de LSAs. Se envía un LSAck por cada paquete recibido.

Formato de los paquetes

Los paquetes OSPF se envían directamente como contenido de paquetes IP sin utilizar ningún protocolo de capa de transporte.

Todos los paquetes comienzan con el mismo formato, diferenciándose en el contenido de la porción de datos.

Encabezado de la Trama	Encabezado del Paquete	Paquete OSPF	FCS

Paquete OSPF								
Versión	Tipo	Long.	RID	Área ID	Check	Tipo de Autentic	Autentic	Datos

- Versión: Indica si se trata de un paquete OSPF versión 2 (IPv4) o versión 3 (IPv6).
- Tipo: Identifica el tipo de paquete OSPF.
- Longitud: Longitud del paquete OSPF expresada en bytes.
- Router ID: RID del dispositivo origen del paquete.
- Área ID: Área en la que se ha originado el paquete.
- Checksum: Permite detectar errores en el paquete OSPF que pudieran generarse durante la transmisión.
- Tipo de autenticación: Indica si se utiliza o no autenticación, y en caso de autenticarse, el tipo de la misma (texto plano o MD5).
- Autenticación: Utilizado solo cuando hay autenticación, para enviar la información correspondiente.
- Datos: Contiene la información dependiendo del tipo de paquete del que se trate. En el caso de paquete LSAck este campo va vacío.

El algoritmo SPF

El algoritmo "Primero la Ruta Más Corta" (SPF) asume a cada dispositivo como la raíz de un árbol de rutas que representa la topología de la red para luego calcular cuál es la ruta más corta a cada punto de esa red.

- El cálculo de cada ruta se basa en la acumulación del costo que se requiere para alcanzar cada red.
- Supone que todos los dispositivos en un área cuentan con la misma base de datos topológica para elaborar su árbol de rutas.
- Cada dispositivo calcula su propio árbol de rutas utilizando su base de datos topológica.

Métrica

OSPF utiliza el costo como métrica para evaluar las rutas:

- Una menor métrica indica una mejor ruta.

- Por defecto, en dispositivos Cisco IOS, el costo es inversamente proporcional al ancho de banda de la interfaz (considerando el valor de bandwidth declarado para esa interfaz).

- Fórmula de cálculo:

$$\text{Costo} = \frac{\text{Ancho de banda de referencia}}{\text{Ancho de banda de la interfaz}}$$

- El ancho de banda de referencia por defecto es 10^8 = 100.000.000 bits (100 Mbps).

- El costo de una ruta es la acumulación del costo de los enlaces que componen la ruta hacia el destino.

- El valor de costo es un número entero. En consecuencia el problema aparece cuando la red cuenta con enlaces con un ancho de banda superior al de una interfaz FastEthernet ya que todos los enlaces tendrían un costo de 1 sin poder diferenciar entre enlaces FastEthernet, GigabitEthernet, etc.

- Se puede influir en el costo de los enlaces de diferentes formas:

    - Modificando el valor de ancho de banda de referencia por configuración.

    - Definiendo manualmente un valor de costo para la interfaz.

    - Definiendo manualmente el ancho de banda de la interfaz.

Estructura jerárquica de OSPF

En redes grandes, donde la cantidad de caminos posibles a un destino se multiplican, el cálculo del algoritmo de selección de la ruta puede volverse complejo y por este motivo comenzar a requerir tiempos significativos.

Con el objeto de optimizar la operación del algoritmo OSPF y reducir la amplitud de los cálculos de Dijkstra OSPF permite dividir el dominio de enrutamiento (o sistema autónomo) en áreas más pequeñas.

- Un sistema autónomo (AS) es un conjunto de redes bajo con una estrategia de enrutamiento común que puede dividirse en múltiples áreas.

- Reduce la cantidad de LSAs que se inundan y los requerimientos de procesamiento.

- Todos los dispositivos que forman parte un área mantienen la misma información de enrutamiento (LSDB): información detallada de todos los enlaces del área e información general o sumarizada de las redes fuera del área.

- Los cambios topológicos en el área solo se propagan dentro de la misma área, con lo que los re-cálculos de topología sólo se realizan dentro del área.

- Un área es un conjunto de redes contiguas identificadas con un ID de área que es un valor entero entre 0 y 4.294.967.295

Las áreas conforman una estructura jerárquica de 2 niveles:

- El Área 0 o área de backbone.
  Es el área responsable de interconectar las demás áreas del dominio. La jerarquía OSPF requiere que todas las áreas conecten directamente con el área de backbone.

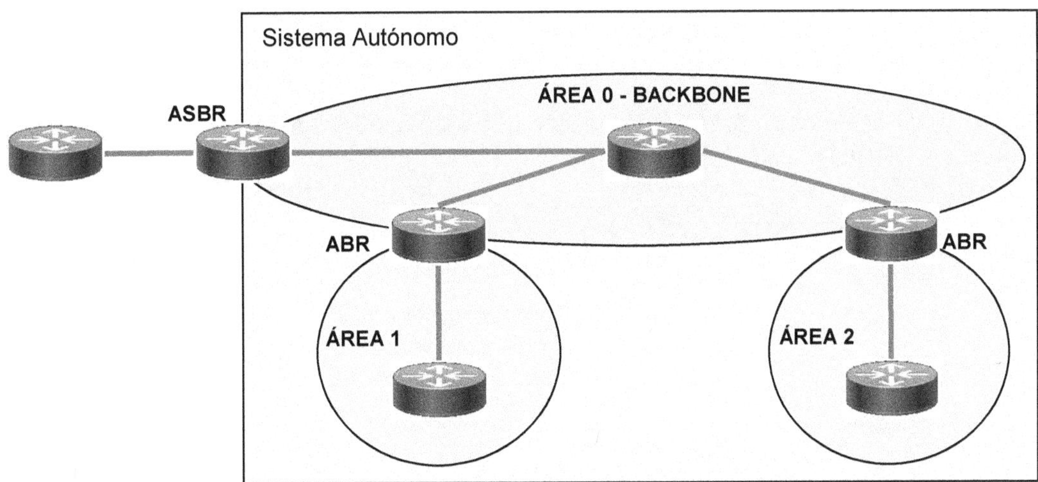

- Las demás áreas operan como áreas regulares o áreas no-backbone.
  Estas son las áreas destinadas a conectar usuarios y recursos. Hay diferentes tipos de áreas regulares, cada uno de los cuales maneja diferente cantidad de información de enrutamiento.

La división en áreas limita la propagación de los LSAs. Es importante en el caso de redes muy extensas.

Roles de los dispositivos

- Routers de backbone.
  Son los que integran el área 0.
  Todas sus interfaces están en el área 0.

- Routers internos.
  Tienen todas sus interfaces en un área que no es el área 0.
  Mantiene la LSDB propia del área.

- ABR – Router de frontera de área
  Dispositivo que conecta el área de backbone con otra área.
  Tiene alguna de sus interfaces en el área 0 y otra u otras en un área

diferente. Es el punto primario para la sumarización de rutas y regularmente es el origen de las rutas por defecto.
Mantienen una LSDB para cada área a la que está conectado.
La interconexión de 3 áreas (el área 0 y otras 2 áreas) es el límite.

- ASBR – Router de frontera del sistema autónomo.
  Conecta un área OSPF cualquiera con un dominio de enrutamiento diferente.
  Es el punto de redistribución donde las rutas externas se introducen en el dominio de OSPF.

Identificador de área

Cada área OSPF está identificada por un ID de 32 bits de longitud.

Se puede expresar como un número decimal entero o con una notación de punto semejante a la utilizada en las direcciones IPv4 (4 octetos separados por puntos).

Por ejemplo, área 0 es lo mismo que área 0.0.0.0; área 417 es lo mismo que área 0.0.1.161.

Configuración de OSPF

```
Router(config)#interface loopback 0
```

Es conveniente crear una interfaz loopback de modo tal que al iniciarse el proceso de OSPF se asuma esa dirección IP como RID.

```
Router(config-if)#ip address 10.10.100.1 255.255.255.255
Router(config-if)#exit
Router(config)#router ospf 1
```

Inicia el proceso de OSPF.

Requiere la asignación de un ID de proceso. Es un número entero y arbitrario que identifica el proceso de enrutamiento. Es de relevancia exclusivamente local y no es necesario que sea el mismo en los diferentes dispositivos del dominio de enrutamiento.

```
Router(config-router)#router-id 1.1.1.1
```

Define un RID que tiene preeminencia sobre cualquier otro criterio.

Aunque tiene el formato de una dirección IPv4, no lo es, y por lo tanto no puede ser empleado como tal.

```
Router(config-router)#network 172.16.1.0 0.0.0.255 area 0
```

Identifica las redes conectadas al dispositivo que han de ser parte del proceso de OSPF, y con esto las interfaces que participan del proceso.

Es obligatorio identificar en el mismo comando el área a la que pertenece la red declarada.

```
Router(config-router)#passive-interface Serial0/0/1
```

Suprime el tráfico de paquetes OSPF entrantes y salientes sobre la interfaz que se especifica.

Como consecuencia de este comando no se levantará vecindad con dispositivos adyacentes a través de esta interfaz.

```
Router(config-router)#passive-interface default
Router(config-router)#no passive-interface GigabitEthernet0/0
```

En este caso se cambia la opción por defecto: todas las interfaces serán pasivas para el protocolo. Para que se levanten adyacencias con dispositivos vecinos es necesario negar esta opción indicando la interfaz específica a través de la cual se desea negociar el protocolo.

Alternativa de configuración

En el caso de OSPF en lugar de identificar las redes conectadas que han de participar del proceso es posible asociar individualmente las interfaces al proceso:

```
Router(config)#interface GigabitEthernet0/0
Router(config-if)#ip ospf 1 area 0
```

Asocia esta interfaz al proceso OSPF identificado con el ID "1" y la coloca en el área 0.

Alternativas para modificación del costo de los enlaces

1. Modificar el ancho de banda de referencia.

```
Router#configure terminal
Router(config)#router ospf 1
Router(config-router)#ospf auto-cost reference bandwidth 10000
```

Modifica el valor del ancho de banda de referencia para el cálculo del costo de los enlaces indicando un valor expresado en Mbps. En este caso se establece un nuevo ancho de banda de referencia en 10 Gbps.

2. Definir manualmente el costo de la interfaz

```
Router#configure terminal
Router(config)#interface Serial0/0/0
Router(config-if)#ip ospf cost 10
```

Define un valor arbitrario de costo para la interfaz. Se puede asignar cualquier valor entero entre 1 y 65535.

3. Definir manualmente el ancho de banda de la interfaz.

```
Router#configure terminal
Router(config)#interface Serial0/0/0
Router(config-if)#bandwidth 1000
```

Define manualmente un valor de ancho de banda de la interfaz expresado en Kbps. En este caso fija un valor equivalente a 1 Mbps.

Por defecto IOS asume en los puertos Ethernet el valor de speed en el que opera la interfaz, en los puertos seriales 1,544 Mbps.

Verificación

```
Router#show ip protocols
```

Muestra la información de configuración y operación de todos los protocolos de enrutamiento operativos en el dispositivo, entre ellos OSPF.

Permite verificar qué protocolos se encuentran operando y cuáles son las redes asociadas a cada uno de ellos.

```
Router#show ip ospf interface brief
```

Muestra de modo sintético las interfaces que participan de la operación de OSPF.

Es sumamente útil para verificar si se han configurado correctamente las interfaces que deben participar del proceso.

```
Router#show ip ospf interface GigabitEthernet0/0
```

Permite verificar la información de operación de OSPF en una interfaz específica.

```
Router#show ip ospf neighbor
```

Muestra los vecinos OSPF con los cuales se ha establecido intercambio de paquetes OSPF y la interfaz a través de la cual se los alcanza.

```
Router#show ip ospf database

Router#debug ip ospf events
```

OSPFv3 para IPv6

OSPF es un protocolo de enrutamiento exclusivamente IP. En la actualidad utilizamos 2 versiones de OSPF:

- OSPFv2 para redes IPv4.
- OSPFv3 para redes IPV6.

Son 2 protocolos diferentes que corren de modo completamente independiente uno del otro.

En términos generales las características de OSPFv3 son las mismas que las de su predecesor, OSPFv2: algoritmos, métricas, métrica por defecto, mecanismo de descubrimiento de vecinos, etc.

Sus principales características son:

- Utiliza un router ID de 32 bits.
  Si en el dispositivo hay interfaces IPv4, entonces puede asumir una dirección IPv4 como RID. Si no hay interfaces IPv4 entonces es necesario configurarlo.

- La adyacencia entre vecinos y el próximo salto se definen utilizando direcciones IPv6 link-local.
  Dado que todas las direcciones link-local utilizan el mismo prefijo OSPF almacena junto con la dirección la interfaz de salida.

- Se utiliza IPv6 como protocolo de transporte de los SLAs. Se identifican los paquetes con el valor 89 en el campo próximo encabezado.

- No se define por red sino que se habilita por interfaz.

- Los paquetes utilizan direcciones multicast IPv6:

  - FF02::5 para todos los dispositivos OSPFv3.

  - FF02::6 para todos los dispositivos DR y BDR.

Configuración de OSPFv3

```
Router(config)#ipv6 unicast-routing
Router(config)#ipv6 router ospf 1
```

Como en OSPFv2, aquí también se requiere un ID de proceso para activar el protocolo

```
Router(config-router)#router-id 1.1.1.1
```

El router ID es un identificador de 32 bits que se expresa en formato de 4 octetos decimales.

NO es una dirección IP. Tiene el mismo formato.

Es independiente del RID que utiliza OPSFv2.

```
Router(config-router)#passive-interface Serial0/0/1
Router(config-router)#passive-interface default
Router(config-router)#no passive-interface GigabitEthernet0/0
Router(config-router)#exit
Router(config)#interface serial 0/0/0
Router(config-if)#bandwith 2000000
Router(config-if)#ipv6 enable
Router(config-if)#ipv6 address FC00:1:1:2::/64 eui-64
Router(config-if)#ipv6 ospf 1 area 0
```

Inicia la operación del proceso OSPF previamente creado en la interfaz. En el mismo comando se indica el área a la cual pertenece el enlace asociado.

Monitoreo

```
Router#show ipv6 protocols
Router#show ipv6 ospf
```

Muestra la información correspondiente al protocolo: ID de proceso, RID, temporizadores, áreas configuradas, ancho de banda de referencia.

```
Router#show ipv6 ospf database
Router#show ipv6 ospf neighbor
```

Muestra los vecinos descubiertos a través de cada interfaz del dispositivo.

```
Router#show ipv6 ospf interface brief
```

Muestra las interfaces asociadas al proceso OSPFv3 y la información relacionada.

```
Router#show ipv6 ospf interface Serial0/0/0
```

Muestra la información detallada de la operación de OSPFv3 vinculada a la interfaz.

Border Gateway Protocol

Internet es un conjunto de diferentes sistemas autónomos interconectados de modo tal que permiten la comunicación entre terminales conectados a ellos.

- Sistema autónomo – AS.
  Conjunto de redes bajo un mismo dominio de administración técnica.
  Se identifica con un ID de sistema autónomo de 16 o 32 bits.

- Protocolo de Enrutamiento Interior – IGP.
  Protocolos de enrutamiento diseñados para intercambiar información de enrutamiento interna al AS.

- Protocolo de Enrutamiento Exterior – EGP.
  Protocolo de enrutamiento diseñado para intercambiar información de enrutamiento entre diferentes sistemas autónomos.

Modelos de conectividad a Internet

- Single-Homed.
  Un único enlace de acceso a través de un único service provider.
  Es el modelo de acceso adoptado en implementaciones en las que una posible pérdida del acceso a Internet no es un factor crítico para la operación de la organización.

- Dual-Homed.
  Implementa redundancia en los enlaces con un único service provider.
  Este modelo brinda mayor estabilidad considerando que el fallo más frecuente es la caída de enlaces o de puertos; sin embargo, se mantiene la dependencia de un único service provider.

- Multihomed.
  Se presenta diversidad de enlaces de acceso con diversidad de proveedores de servicios.
  Asegura redundancia real de enlaces y proveedores a la vez que permite distribuir tránsito entre diferentes service providers. En este caso además, la empresa debe publicar su propio espacio de direccionamiento público hacia Internet y cuidar de no convertirse en sistema de tránsito entre los service providers.

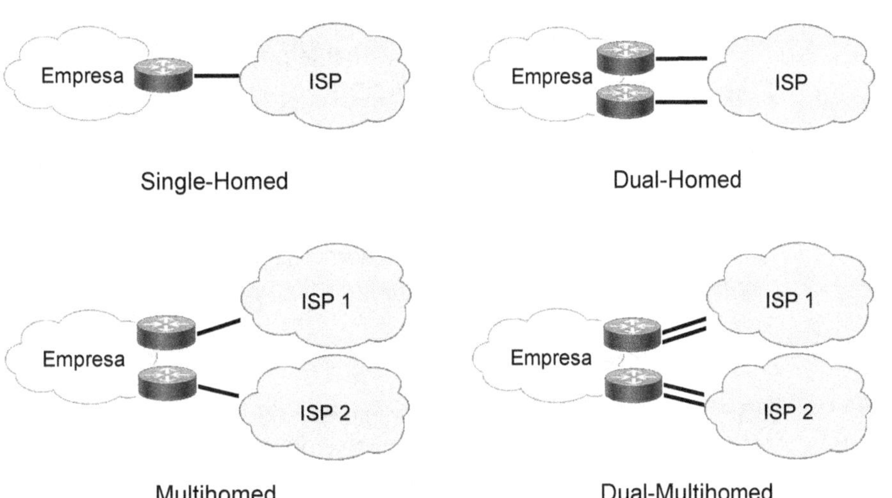

- Dual-Multihomed.
  Permite tener no sólo redundancia de service provider sino también de enlaces hacia cada service provider.
  Este es el modelo que mayor resistencia a fallos proporciona.

ID de Sistema Autónomo

Un sistema autónomo es una colección o conjunto de redes bajo una única administración técnica. Cada sistema autónomo es una unidad administrativa que diferencia y reconoce a través de un ID de sistema autónomo.

IANA (Internet Assigned Numbers Authority) es el organismo responsable de la asignación de los ID de sistemas autónomos. Para una mejor administración de los números de sistema autónomo esta tarea ha sido asumida por cinco organismos regionales:

- ARIN (American Registry for Internet Numbers) tiene jurisdicción sobre América, el Caribe y África.

- RIPE NCC (Réseaux IP Européens Network Coordination Center) administra los números de sistema autónomo de Europa.

- APNIC (Asia Pacific Network Information Center) administra los números de sistema autónomo para la región Asia-Pacífico.

- AfriNIC (African Region Internet Registry) administra los ID de sistema autónomo para el continente africano.

- LACNIC (Latin American and Caribbean Internet Address Registry) responsable del registro de direcciones de América Latina y la región Caribe.

El ID de sistema autónomo es un número de 16 bits, con un valor posible entre 1 y 65535. Su uso y asignación está orientado por la RFC 1930. Los sistemas autónomos 64512 a 65535 están reservados para uso privado.

Se requiere de un número de sistema autónomo asignado por IANA exclusivamente para conectarse a la red pública.
A los fines de ejercitación y laboratorio es conveniente utilizar los números reservados para uso privado.

En la actualidad IANA recomienda que las redes corporativas que se conectan a un único proveedor y comparten las políticas de enrutamiento de ese proveedor, utilicen un número de sistema autónomo del pool privado (64512 a 65535). Estos números de AS aparecen únicamente dentro de la red del proveedor de servicio.

Border Gateway Protocol

BGP es un protocolo de enrutamiento exterior robusto y escalable diseñado para responder a las necesidades complejas del enrutamiento de Internet (entre sistemas autónomos). Es el protocolo de enrutamiento actualmente implementado en Internet.

El protocolo utiliza un paradigma de enrutamiento salto por salto. Cada router BGP solamente puede publicar a los sistemas autónomos vecinos solamente aquellas rutas que él mismo utiliza.

Sus características más destacadas son:

- Requiere de un ID de sistema autónomo. Si es una red multihomed requiere de un ID de sistema autónomo público asignado por IANA.
- Actualizaciones utilizando TCP puerto 179.
- Luego de negociar la sesión TCP 2 dispositivos se denominan peer routers o vecinos.
- Una vez negociada la sesión ambos vecinos intercambian su tabla de enrutamiento completa.
- Luego del intercambio inicial las actualizaciones son incrementales, solamente cuando hay cambios.
- Los vecinos intercambian mensajes keepalive periódicos para mantener activas las sesiones.
- Métrica compleja basada en atributos.
- Pensado para el intercambio de rutas entre redes muy grandes.

- ID en la tabla de enrutamiento: B

- Recibe la denominación de eBGP al intercambio de información de enrutamiento entre dispositivos peer que pertenecen a diferente sistema autónomo.

- La denominación de iBGP corresponde al intercambio de rutas entre dispositivos peer que pertenecen al mismo sistema autónomo.

- Distancia Administrativa por defecto:

    - Rutas eBGP 20

    - Rutas iBGP 200

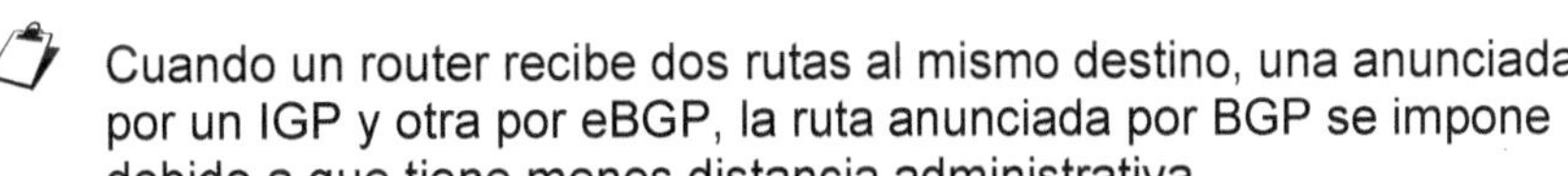

Cuando un router recibe dos rutas al mismo destino, una anunciada por un IGP y otra por eBGP, la ruta anunciada por BGP se impone debido a que tiene menos distancia administrativa.

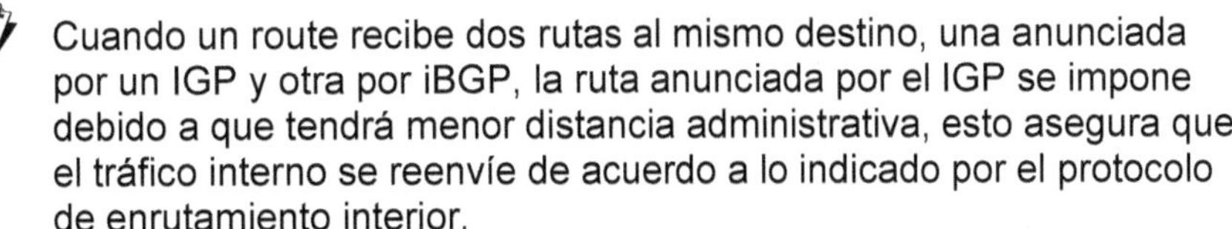

Cuando un route recibe dos rutas al mismo destino, una anunciada por un IGP y otra por iBGP, la ruta anunciada por el IGP se impone debido a que tendrá menor distancia administrativa, esto asegura que el tráfico interno se reenvíe de acuerdo a lo indicado por el protocolo de enrutamiento interior.

- BGP Router ID: 32 bits (4 bytes).

- Es un protocolo de vector ruta: Su paradigma de enrutamiento se basa en la distancia entre origen y destino ponderada salto por salto.

- Cada dispositivo establece y mantiene adyacencia con sus vecinos BGP.

    - No hay un mecanismo de descubrimiento de vecinos.

    - Los vecinos deben ser declarados explícitamente por configuración.

    - Antes de establecer una relación de vecindad se negocia un circuito TCP sobre el puerto 179.

    - Para mantener la relación de vecindad es necesario mantener activo el circuito TCP.

    - Para detectar una relación de vecindad activa se envían keepalives periódicos.

En este contexto debemos tener presente que IANA es el organismo responsable de la coordinación global y la asignación del número de sistema autónomo que identifica a cada service provider así como la asignación del espacio de direccionamiento IP público que utiliza cada proveedor. Si una red corporativa necesita para su conexión a Internet de direccionamiento IP público o un ID de sistema autónomo deberá realizar la gestión ante IANA.

Configuración de eBGP en un acceso single homed

Dentro de la amplitud de la temática que ofrece GBP, el examen de certificación CCNA 200-125 se centra exclusivamente en la implementación de eBGP en conexiones a Internet single homed. Dado que este manual se centra en esta implementación, a partir de este punto se desarrollarán exclusivamente los aspectos requeridos por el examen de referencia.

Para configurar eBGP en el acceso a Internet se requieren 3 piezas de información básicas:

- Los números de sistema autónomo (de la organización y del service provider al que se conecta).
- Los vecinos o peers eBGP, con el direccionamiento necesario para alcanzarlos.

Dado que no se corre un IGP entre la red corporativa y la del ISP, el direccionamiento utilizado para identificar los vecinos BGP debe ser alcanzable sin la necesidad de un protocolo de enrutamiento que lo descubra.

- Las redes que se desea publicar hacia Internet.

Esta configuración es un proceso de varios pasos:

Definición del proceso de BGP

```
Router(config)#router bgp 64935
```

Crea el proceso de BGP en el dispositivo y lo asocia al número de sistema autónomo que ha sido asignado. Al mismo tiempo abre el acceso al submodo de configuración del protocolo

Sólo es posible montar un proceso de BGP en cada dispositivo (cada router puede pertenecer a un solo sistema autónomo).

Establecimiento de la relación con el vecino

```
Router(config-router)#neighbor 201.100.15.130 remote-as 36504
```

Define el vecino con el cual se desea establecer relación de intercambio de información BGP. Dado que no hay un mecanismo de descubrimiento de vecinos esta es la única forma de establecer estas relaciones.

Se debe indicar la dirección IP del vecino (que debe ser alcanzable) y el ID del sistema al que pertenece.

Dado que el ID de sistema autónomo del vecino es diferente del que identifica el proceso de BGP, esta es una relación eBGP.

Publicación de redes en BGP

```
Router(config-router)#network 215.39.0.16 mask 255.255.255.240
```

Indica que se desea publicar hacia los vecinos definidos antes la red 215.39.0.16/28.

Requiere de una coincidencia en la tabla de enrutamiento. No se puede publicar una ruta a un destino que no está antes presente en la tabla de enrutamiento sea aprendido por un IGP o por una ruta estática.

El keyword "mask" es opcional. Si no se especifica, entonces se publica la red de clase correspondiente. Si se especifica, se busca una coincidencia exacta en la tabla de enrutamiento para publicar ese prefijo exacto.

Verificación de eBGP

Se cuenta con un set de comandos específicos para verificar la operación de BGP en dispositivos IOS.

```
Router#show ip bgp summary
```

Muestra la configuración y situación general de operación del protocolo. Incluye a cada vecino definido en la configuración y el estado de cada una de las sesiones.

```
Router#show ip bgp neighbors
```

Da la información detallada de cada conexión BGP con los vecinos. Permite verificar la sesión TCP y la sesión BGP que se ha establecido con cada vecino.

Identifica si se trata de una sesión eBGP o iBGP.

```
Router#show ip bgp
```

Muestra la tabla de prefijos IP mantenida por el protocolo. Contiene toda la información de enrutamiento recibida de cada vecino.

2.6. Servicios IP

Las abreviaturas y siglas utilizadas en este manual se encuentran desarrolladas en el Glosario de Siglas y Términos de Networking que está disponible en la Librería en Línea de EduBooks:
https://es.scribd.com/document/292165924/Glosario-de-Siglas-y-Terminos-de-Networking-version-1-2

Síntesis del temario del examen ICND1

Asignación automática de direcciones IP

Asignación de configuración IPv4:

- Configuración estática.
- Asignación automática utilizando DHCP.

Asignación de configuración IPv6:

- Asignación estática definiendo manualmente el ID de interfaz.
- Asignación estática definiendo el ID de interfaz automáticamente.
- Asignación dinámica utilizando autoconfiguración stateless.
- Asignación dinámica utilizando DHCPv6.

Dynamic Host Configuration Protocol – DHCPv4

- Asigna de modo automatizado y dinámico configuración IP a los dispositivos de uno o más segmentos de red.
- Opera sobre los puertos UDP 67 y 68.
- Los parámetros de configuración:
    - Dirección IP / Máscara de Subred.
    - Default Gateway.
    - Nombre de dominio.
    - Servidor de nombres de dominio (DNS).
    - Time Servers.
    - WINS Server.
    - Duración de la asignación.

- Información opcional.

- 3 modalidades de asignación:
  - Asignación dinámica.
  - Asignación automática.
  - Asignación estática.

El procedimiento para obtener la configuración IP es el siguiente:

- DHCP Discovery.
- DHCP Offer.
- DHCP Request.
- DHCP Acknowledgement.

Configuración de servicios DHCP en IOS

```
Router#configure terminal
Router(config)#ip dhcp pool CCNA
Router(dhcp-config)#network 172.16.1.0/24
Router(dhcp-config)#default-router 172.16.1.1
Router(dhcp-config)#domain-name prueba.com
Router(dhcp-config)#dns-server 172.16.1.3
Router(dhcp-config)#lease 12 30
Router(dhcp-config)#exit
Router(config)#ip dhcp excluded-address 172.16.1.1 172.16.1.3
```

Comandos para verificar el servicio DHCP

```
Router#debug ip dhcp server packet
Router#show ip dhcp pool
Router#show ip dhcp binding
```

DHCP Relay

- DHCP relay es un dispositivo que recibe las solicitudes de los clientes en formato de broadcast y las reenvía como unicast a la dirección del servidor DHCP.

- Procedimiento para obtener la configuración IP:
  - DHCP Discovery.
  - DHCP Relay.
  - DHCP Offer.
  - DHCP relay

- DHCP Request.
- DHCP relay
- DHCP Acknowledgement.
- El servidor DHCP responde siempre en formato unicast al DHCP relay.
- El DHCP relay se ocupa de la comunicación directa con el cliente.

Configuración de un router como DHCP relay

- Se habilita en la interfaz de capa 3 más cercana al cliente DHCP.
- Es necesario especificar la dirección IP de uno o más servidores DHCP.

```
Router#configure terminal
Router(config)#interface GigabitEthernet 0/0
Router(config-if)#ip helper-address 172.16.100.50
```

Domain Name System - DNS

- Protocolo que permite reemplazar el uso por parte del usuario final de direcciones IP por nombres
- Utiliza el puerto 53 tanto TCP como UDP.
- Las consultas estándar utilizan el puerto 53 de UDP.
- Utiliza una base de datos distribuida alojada en múltiples servidores alojados en diferentes sitios.
- Utiliza una estructura jerárquica de dominios de red, completamente independiente de la estructura propia del direccionamiento IP.

Consulta DNS no autoritativa o interna:

- La terminal que requiere la traducción de un nombre realiza una consulta al servidor DNS que tiene en su configuración IP.
- El servidor DNS local recibe la consulta y busca en su tabla de resolución de nombres hasta encontrar una coincidencia.
- El servidor DNS encapsula la información en un paquete IP y lo envía de regreso a la terminal que dio origen a la consulta.

Network Address Translation (NAT)

- Procedimiento que modifica la dirección IP de origen de los paquetes IP, traduciéndola por otra dirección IP compatible con la red de destino.

Terminología NAT

- Red inside.
- Red outside.
- 4 tipos de direcciones IP:
  - Inside Local Address.
  - Inside Global Address.
  - Outside Local Address.
  - Outside Global Address.
- Modalidades de NAT:
  - NAT estático.
  - NAT dinámico.
  - NAT overload o PAT.

Definición de las interfaces que participan de NAT

```
Router#configure terminal
Router(config)#interface GigabitEthernet 0/0
Router(config-if)#ip nat inside

Router(config-if)#interface serial 0/0/0
Router(config-if)#ip nat outside
Router(config-if)#exit
Router(config)#
```

Definición de traducción de NAT estática

```
Router(config)#ip nat inside source static [ip local] [ip global]
```

Un ejemplo:

```
Router(config)#ip nat inside source static 172.16.1.10 25.1.1.16
```

Definición de la traducción de NAT dinámica

```
Router(config)#access-list [1-99] permit [ip local]
Router(config)#ip nat pool [name] [ip inicial] [ip final] netmask
X.X.X.X
Router(config)#ip nat inside source list [X] pool [name]
```

Un ejemplo:

```
Router(config)#access list 10 permit 172.16.1.64 0.0.0.15
```

```
Router(config)#ip nat pool CCNA 25.1.1.17 25.1.1.32 netmask
255.255.0.0
Router(config)#ip nat inside source list 10 pool CCNA
```

Definición de traducción PAT utilizando a una sola dirección IP pública

```
Router(config)#access-list [1-99] permit [ip local]
Router(config)#ip nat inside source list [X] interface [int]
overload
```

Un ejemplo:

```
Router(config)#access list 10 permit 172.16.1.64 0.0.0.15
Router(config)#ip nat inside source list 10 interface S0/0 overload
```

Definición de traducción PAT a más de una dirección IP pública.

```
Router(config)#access-list [1-99] permit [ip local]
Router(config)#ip nat pool [name] [ip] [ip] netmask X.X.X.X
Router(config)#ip nat inside source list [X] pool [name] overload
```

Un ejemplo:

```
Router(config)#access list 10 permit 172.16.1.64 0.0.0.15
Router(config)#ip nat pool CCNA 25.1.1.17 25.1.1.32 netmask
255.255.0.0
Router(config)#ip nat inside source list 10 pool CCNA overload
```

Comandos adicionales

```
Router#clear ip nat translation *
Router(config)#ip nat translation timeout [segundos]
```

Comandos de monitoreo de NAT

```
Router#show ip nat translations
Router#show ip nat statistics
Router#debug ip nat
Router#debug ip nat detailed
```

Seguridad de dispositivos Cisco IOS

Best practices a implementar:

- El management out-band es más difícil de vulnerar.
- Utilice protocolos de management encriptados (SSH y HTTPS).
- Implemente múltiples cuentas de usuarios con diferentes niveles de privilegio.
- La administración centralizada de los usuarios facilita la tarea.

- Almacenar los registros de eventos (logs) en servidores remotos.
- Utilizar claves protegidas por hash incrementa significativamente el tiempo necesario para romperlas por fuerza bruta.
- La implementación de SNMPv3 con cuentas de usuario y autenticación HMAC mejora significativamente la seguridad.

Bloqueo de servicios no utilizados

Desactivar servicios que no se utilizan elimina potenciales brechas de seguridad.

```
Router#show control-plane host open-ports
```

Buenas prácticas generales

```
Router(config)#no cdp run
Router(config)#interface GigabitEthernet 0/0
Router(config-if)#no cdp enable
Router(config-if)#exit
Router(config)#no ip http server
Router(config)#ip http secure-server
```

Network Time Protocol

- Asegura la correcta validación del período de validez de los certificados digitales.
- Permite una correcta interpretación de los registros de eventos.

Configuración de un cliente NTP

```
Router(config)#ntp server 192.168.115.20
Router(config)#ntp master 2

Router#show ntp associations
Router#show ntp status
```

Implementación de un registro de eventos

El sistema de mensajes de estado y eventos puede ser enviado a distintas posiciones:

- A la pantalla de la consola (console), es la opción por defecto.
- A la pantalla de una sesión telnet o SSH (monitor).
- A un servidor Syslog en la red (trap).
- A un buffer de memoria local (buffered).

Formato de los mensajes:

- El registro de fecha y hora.
- La porción del dispositivo que genera el mensaje.
- Nivel de severidad del mensaje:
- Clave mnemotécnica.
- Descripción del mensaje.

Es posible también agregar un número de secuencia en el inicio del mensaje, si así se requiere.

8 niveles de severidad:

0	Emergency	El sistema está inutilizado.
1	Alert	Requiere atención inmediata.
2	Critical	Notifica de una condición crítica.
3	Error	Notifica una condición de error.
4	Warning	
5	Notification	Condición normal pero significativa.
6	Informational	
7	Debugging	

El protocolo Syslog

- Protocolo que permite enviar mensajes de notificación de eventos a través de una red IP hacia un colector o repositorio de mensajes.
- Utiliza UDP para el transporte.

Configuración de los registros:

```
Router(config)#service timestamps
Router(config)#service sequence-numbers
Router(config)#logging buffered 200000
Router(config)#logging 172.16.1.2
Router(config)#logging trap warnings
Router(config)#logging monitor notifications
```

Monitoreo

```
Router#show logging
```

Lo desarrollado hasta este punto es una síntesis del temario del examen ICND1 creado con la intención de brindar una herramienta de repaso de esos temas.
Un desarrollo completo de estos temas puede encontrarse en el Apunte Rápido CCENT versión 6.1 que ya he publicado.

Listas de Control de Acceso

Las listas de control de acceso (ACL – Access Control List) son una herramienta que permiten identificar tráfico en función de la información contenida en los diferentes encabezados (capa 2, 3 o 4) de una trama. A partir de esta identificación es entonces posible aplicar reglas para tomar acciones sobre ese tráfico.

Formalmente una ACL es una lista de sentencias que permiten o deniegan determinado tipo de tráfico.

Síntesis del temario del examen ICND1

Se suelen utilizar para:

- Limitar el tráfico de la red por seguridad o para mejorar su performance.
- Implementar controles para el flujo de tráfico.
- Brindar un nivel de seguridad básico.
- Especificar que determinado tipo de tráfico sea reenviado o bloqueado en una interfaz de un dispositivo.
- Definir el rango de direcciones IP privadas que deben ser traducidas a IP públicas por un servicio de NAT.
- Definir flujos de tráfico a los que se han de aplicar políticas de calidad de servicio o seguridad.

Reglas de funcionamiento de las ACL

- Cada lista de acceso es identificada por un ID único localmente.
- La lista de acceso está compuesta por una serie de sentencias que permiten o deniegan tráfico.
- Cada paquete que atraviesa una interfaz que tiene asociada una ACL es comparado con cada sentencia en el mismo orden en que las sentencias fueron ingresadas hasta lograr una coincidencia.
- La comparación se sigue realizando hasta tanto se encuentre una coincidencia.

- Una vez que el paquete cumple la condición de una sentencia se ejecuta la acción indicada y no se sigue comparando.

- Hay un `deny any` implícito al final de cada lista de acceso.

- Los filtros que se aplican sobre el tráfico saliente no afectan el tráfico originado en el mismo router.

- Sólo se puede aplicar una única ACL en cada interfaz, por sentido del tráfico, por protocolo.

Tipos de listas de acceso IP

- Listas de acceso estándar.

- Listas de acceso extendidas.

2 métodos para identificar las listas de acceso:

- Listas de acceso IP numeradas.

    - ACL estándar numeradas 1 a 99 y 1300 a 1999

    - ACL extendidas numeradas 100 a 199 y 2000 a 2699

- Listas de acceso IP nombradas.

Aplicación de la ACL a la interfaz

Las listas de acceso pueden implementarse para filtrar tanto tráfico entrante como saliente:

- ACLs salientes.

- ACLs entrantes.

La máscara de wildcard

- Secuencia de 32 bits dividida en 4 octetos de 8 bits cada uno utilizada para generar filtros de direcciones IP.

- Se utilizan en combinación con una dirección IP.

- Los unos y ceros indican cómo se deben tratar los bits de la dirección IP correspondiente.

    - El dígito en 0 (cero) indica una posición que debe ser comprobada.

    - El dígito 1 (uno) indica una posición que carece de importancia.

- Cuando deseamos filtrar una red o subred completa, la máscara de wildcard es el "complemento" de esa máscara de subred.

Casos especiales

```
xxx.xxx.xxx.xxx 0.0.0.0 =  host xxx.xxx.xxx.xxx

0.0.0.0 255.255.255.255 =  any
```

Configuración de listas de acceso IP estándar numeradas.

```
Router(config)#access-list [ID] [permit/deny] [IP origen]
Router(config)#no access-list [ID]
Router(config)#interface serial 0/0/1
Router(config-if)#ip access-group [ID] [in/out]
```

Un ejemplo:

```
Router#configure terminal
Router(config)#access-list 1 permit 192.168.1.0 0.0.0.255
Router(config)#access-list 1 deny 172.16.1.0 0.0.0.255
Router(config)#access-list 1 permit 172.16.0.0 0.0.255.255
Router(config)#interface GigabitEthernet 0/0
Router(config-if)#ip access group 1 in
```

Aplicación de filtros de tráfico a puertos virtuales.

```
Router(config)#access-list 10 permit host 172.16.10.3
Router(config)#line vty 0 4
Router(config-line)#access-class 10 in
```

Edición de una lista de acceso

- Las listas de acceso nombradas permiten agregar, modificar o borrar sentencias individuales dentro de la lista de acceso.
- El número de secuencia nos permite insertar las nuevas sentencias en el punto que sea más conveniente.

```
Router#show access lists
Standard IP access list Prueba
  10 permit 192.168.1.0 0.0.0.255 (10 matches)
  20 deny 172.16.1.0 0.0.0.255
  30 permit 172.16.0.0 0.0.255.255
Router#configure terminal
Router(config)#ip access list standard Prueba
Router(config-std-nacl)#5 deny host 192.168.1.100
Router(config-std-nacl)#no 20
Router(config-std-nacl)#end
Router#show access lists
Standard IP access list Prueba
   5 deny host 192.168.1.100
  10 permit 192.168.1.0 0.0.0.255 (10 matches)
  30 permit 172.16.0.0 0.0.255.255
```

Lo desarrollado en este punto es una síntesis del temario del examen ICND1 creado con la intención de brindar una herramienta de repaso de esos temas.
Un desarrollo completo de estos temas puede encontrarse en el Apunte Rápido CCENT versión 6.1 que ya he publicado.

Listas de acceso extendidas

Las listas de acceso estándar tienen limitaciones para el filtrado de tráfico ya que solo analizan la dirección IP de origen de los paquetes. Para un filtrado de tráfico más específico pueden utilizarse las listas de acceso extendidas.

Tipo ACL	Filtra por...
Estándar	Dirección IP de origen
Extendidas	Dirección IP de origen Dirección IP de destino Protocolo (ip, icmp, ospf, tcp, udp, etc.) Puerto de origen (tcp, udp) Puerto de destino (tcp, udp)

Como ocurre con las listas de acceso estándar, aquí también es posible contar con listas de acceso numerados (100 a 199 y 2000 a 2699) o nombradas.

Configuración ACL extendidas

```
Router(config)#access-list [ID] [permit/deny] [protocolo] [IP
origen] [pto. origen] [IP destino] [pto. destino]
Router(config)#no access-list [ID]
Router(config)#interface serial 0/0/1
Router(config-if)#ip access-group [ID] [in/out]
```

Un ejemplo:

```
Router#configure terminal
Router(config)#access-list 100 deny tcp any host 172.16.100.5 80
Router(config)#access-list 100 permit tcp any any 80
Router(config)#access-list 100 deny udp any any
Router(config)#access-list 100 permit icmp any any echo
Router(config)#interface GigabitEthernet 0/0
Router(config-if)#ip access-group 100 in
```

Listas de acceso IP nombradas.

Las listas de acceso nombradas son esencialmente iguales a las numeradas, aunque su configuración tiene algunas ligeras diferencias.

```
Router(config)#ip access-list [standard/extended] [nombre]
```

Este comando crea la lista de acceso e ingresa al modo de configuración de la ACL que se referencia.

El comando define si se tratará de una lista de acceso estándar o extendida.

El nombre es una cadena alfanumérica a elección, que debe ser única en este dispositivo. También es posible utilizar un número como nombre.

```
Router(config-xxx-nacl)#[permit/deny] [protocolo][IP origen] [pto.
origen] [IP destino] [pto. destino]
```

Ya dentro del modo de configuración de la ACL se crean las sentencias de modo directo.

Opcionalmente se puede iniciar la sentencia indicando el número de secuencia. Luego, las sentencias pueden ser removidas de a una identificándolas por el número de secuencia.

```
Router(config)#interface serial 0/0/1
Router(config-if)#ip access-group [nombre] [in/out]
```

Para aplicar la lista de acceso a un puerto se utiliza el mismo comando que en el caso de las listas de acceso numeradas, salvo que en este caso se utiliza el nombre para referenciarla.

Un ejemplo:

```
Router#configure terminal
Router(config)#ip access list standard Prueba
Router(config-std-nacl)#10 permit 192.168.1.0 0.0.0.255
Router(config-std-nacl)#20 deny 172.16.1.0 0.0.0.255
Router(config-std-nacl)#30 permit 172.16.0.0 0.0.255.255
Router(config-std-nacl)#exit
Router(config)#interface GigabitEthernet 0/0
Router(config-if)#ip access group Prueba in
```

Un ejemplo de ACL extendida:

```
Router#configure terminal
Router(config)#ip access-list extended Prueba2
Router(config-ext-nacl)#deny tcp any host 172.16.100.5 80
Router(config-ext-nacl)#permit tcp any any 80
Router(config-ext-nacl)#deny udp any any
Router(config-ext-nacl)#permit icmp any any echo
Router(config-ext-nacl)#exit
Router(config)#interface GigabitEthernet 0/0
Router(config-if)#ip access-group Prueba2 in
```

Monitoreo de las listas de acceso

```
Router#show access lists
Standard IP access list 1
  10 permit 192.168.1.0, wildcard bits 0.0.0.255 (10 matches)
  20 deny 172.16.1.0, wildcard bits 0.0.0.255
```

```
30 permit 172.16.0.0, wildcard 0.0.255.255
```

A las sentencias configuradas agrega al inicio un número de secuencia (por defecto numera de 10 en 10). Esto permite luego editar la ACL borrando selectivamente las sentencias o insertando nuevas sentencias entre las existentes.

La mención entre paréntesis al final de la sentencia indica la cantidad de paquetes que han coincidido con el criterio de selección de la sentencia.

```
Router#show ip access-lists
Extended IP access list 100
    10 deny tcp any host 172.16.100.5 www
    20 permit tcp any any www
    30 deny udp any any
    40 permit icmp any any echo

Router#show ip interfaces serial 0/0/0
  Serial0/0/0 is up, line protocol is up
  Internet address is 172.16.10.2
  Broadcast address is 255.255.255.255
  Address determined by non-volatile memory
  MTU is 1500 bytes
  Helper address is not set
  Directed broadcast forwarding is disabled
  Outgoing access list is not set
  Inbound  access list is 100
  Proxy ARP is enabled
  Security level is default
  Split horizon is enabled
  ICMP redirects are always sent
  ICMP unreachables are always sent
  ICMP mask replies are never sent
  IP fast switching is enabled
  IP fast switching on the same interface is disabled
  IP Fast switching turbo vector
  IP multicast fast switching is enabled
  IP multicast distributed fast switching is disabled
  IP route-cache flags are Fast
  Router Discovery is disabled
  IP output packet accounting is disabled
  IP access violation accounting is disabled
  TCP/IP header compression is disabled
  RTP/IP header compression is disabled
  Probe proxy name replies are disabled
  Policy routing is disabled
  Network address translation is disabled
  Web Cache Redirect is disabled
  BGP Policy Mapping is disabled

Router#show running-config
```

	ACL	Interfaz
show access-list	Si	No
show ip interfaces	No	Si
show running-config	Si	Si

Listas de acceso IPv6

En IOS para IPv6 utilizamos listas de acceso extendidas. Su estructura, configuración y principios básicos son semejantes a las listas de acceso nombradas extendidas IPv4.

```
Router(config)#ipv6 access-list [nombre]
```

Este comando crea la lista de acceso e ingresa al modo de configuración de la ACL que se referencia.

El nombre es una cadena alfanumérica a elección, que debe ser única en este dispositivo. También es posible utilizar un número como nombre.

```
Router(config-ipv6-acl)#[permit/deny] [protocolo][IPv6 origen]
[pto. origen] [IPv6 destino] [pto. destino]
```

Ya dentro del modo de configuración de la ACL se crean las sentencias de modo directo.

Opcionalmente se puede iniciar la sentencia indicando el número de secuencia. Luego, las sentencias pueden ser removidas de a una identificándolas por el número de secuencia.

```
Router(config)#interface serial 0/0/1
Router(config-if)#ip traffic-filter [nombre] [in/out]
```

Aplica la lista de acceso a un puerto para filtrar el tráfico entrante o saliente según se indique.

En el caso de las listas de acceso IPv6 las reglas implícitas que se agregan al final son más complejas ya que se incluyen permisos de algunos procesos ICMP:
permit icmp any any nd-na
permit icmp any any nd-ns
deny ipv6 any any

Un ejemplo:

```
Router#configure terminal
Router(config)#ipv6 access-list Prueba3
Router(config-ipv6-acl)#deny tcp any host 2001:db8:0:1::5 80
Router(config-ipv6-acl)#permit tcp 2001:db8:100.5::/64 any 80
Router(config-ipv6-acl)#deny udp any any
Router(config-ipv6-acl)#permit icmp any any echo
Router(config-ipv6-acl)#exit
Router(config)#interface GigabitEthernet 0/0
```

```
Router(config-if)#ipv6 traffic-filter Prueba3 in
```

Verificación

```
Router#show ipv6 access-list
IPv6 access list Prueba3
    deny tcp any host 2001:db8:0:1::5 80 (2 matches) sequence 10
    permit tcp 2001:db8:100.5::/64 any 80 sequence 20
    deny udp any any sequence 30
    permit icmp any any echo sequence 40

Router#show ipv6 interface GigabitEthernet 0/0
```

A diferencia del comando semejante de IPv4, la sección referida a las listas de acceso aparece únicamente cuando hay listas de acceso IPv6 aplicadas a la interfaz.

Verificación de ACLs utilizando APIC-EM

En redes con una capa de control centralizada que implementan APIC-EM como controlador es posible utilizar la herramienta Path Trace para verificar la operación de las ACLs.

Path Trace permite verificar la ruta que sigue un paquete atravesando la red y, si en algún punto de esa ruta hay una ACL aplicada, monitorear el punto de aplicación de la ACL y el resultado de la misma para un destino y origen específicos.

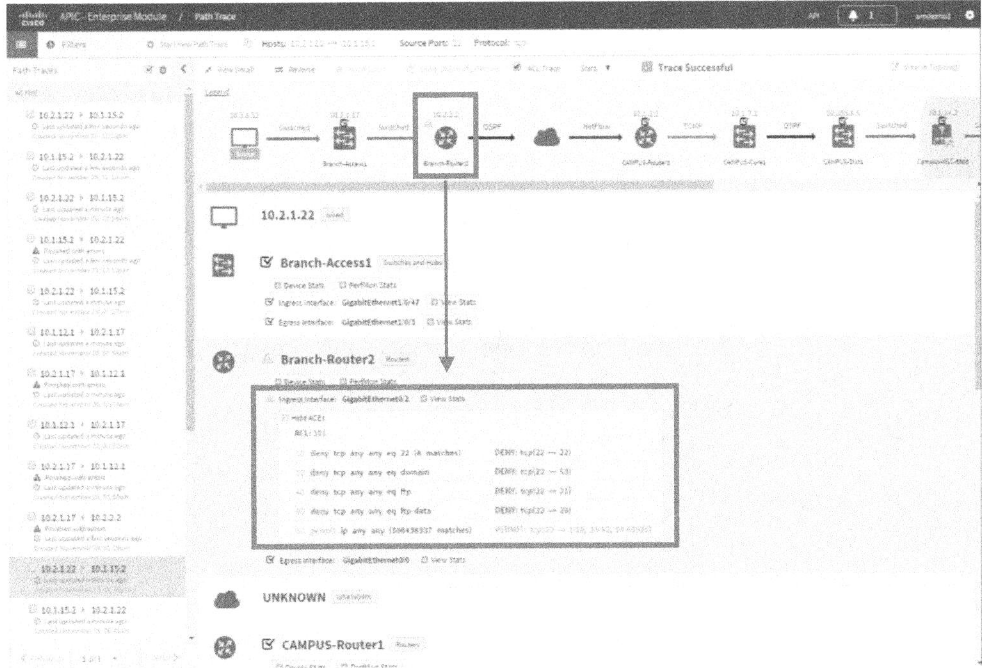

Mitigación de amenazas en el acceso

Los riesgos potenciales a los que están sometidas las redes de datos han experimentado en los últimos años una complejidad y sofisticación crecientes. La red está expuesta no sólo a amenazas externas (un atacante ajeno a la propia empresa u organización), sino también internas. Por esto la preocupación por la seguridad debe estar presente aún en el caso de redes que no tienen conexión con redes externas o con Internet.

- Amenazas Internas.
  Amenazas a la seguridad de la red originadas al interior de la organización. Son las más serias.
  La principal contramedida para responder a este tipo de amenazas son las políticas de seguridad.
  Son particularmente importantes porque:

  - El usuario de la red tiene conocimientos de la red y los recursos disponibles.
  - El usuario típicamente tiene algún nivel de acceso relacionado con la naturaleza de su tarea.
  - Los mecanismos de seguridad tradicionales suelen no ser efectivos contra el potencial uso abusivo de un permiso de acceso legítimo.

- Amenazas Externas.
  Son ataques de naturaleza más técnica, que se inician con menor conocimiento del interior de la red.
  A estas amenazas se responde principalmente implementando defensas técnicas.

La protección del acceso a los recursos de red es de un rol fundamental para proteger a otros usuarios, las aplicaciones y la red misma de posibles errores humanos o ataques maliciosos.

Hay diferentes mecanismos de seguridad que se pueden implementar en el acceso para mitigar las principales amenazas:

- DHCP Snooping.
  Previene la implementación de servidores DHCP intrusos dentro de la red.
- DAI
  Dynamic ARP Inspection.
  Previene la posibilidad de ataques basados en ARP.
- Port Security.
  Para restringir el número de MACs asociadas a un puerto.
- Identity-Based Networking
  Permite proteger recursos y dejar movilidad a los usuarios.

DHCP Snooping

Feature de seguridad de capa 2 que restringe la circulación de respuestas a solicitudes DHCP generadas por dispositivos no autorizados. De esta manera se constituye en una barrera para la introducción de servidores DHCP por parte de un atacante.

Identifica los puertos del switch como:

- Trusted.
  Los dispositivos conectados a estos puertos pueden enviar todo tipo de tráfico DHCP.
  Es típicamente el puerto que permite establecer conexión con los servidores DHCP (troncales o puertos de acceso a los que se encuentran conectados los servidores).

- Untrusted.
  Los dispositivos conectados a estos puertos sólo pueden enviar paquetes DHCP Discovery.

Una vez activada esta función todos los puertos del switch son untrusted salvo aquellos que sean explícitamente declarados como trusted.

Como consecuencia de la activación de esta prestación el switch confecciona una tabla en la que se mantienen registros que asocian MAC address del cliente | tiempo de cesión | tipo de asignación | VLAN | ID del puerto. Esta información es utilizada como base para otros features de seguridad.

Dynamic ARP Inspection

Permite validar las respuestas de ARP:

- Verifica la valides de la asociación MAC-IP de cada respuesta ARP antes de reenviarla.

- Para esta validación utiliza la tabla de información generada por DHCP snooping.

- Las respuestas ARP inválidas son descartadas.

Las acciones básicas son:

- Los paquetes ARP recibidos en interfaces trusted, no son verificados.

- Se interceptan todos los paquetes ARP de interfaces untrusted.

- Cada paquete ARP interceptado es verificado antes de ser reenviado.

- Se eliminan y/o registran los paquetes que presentan asociaciones IP-MAC inválidas.

Identity-Based Networking

Concepto que reúne un conjunto de mecanismos de autenticación, control de acceso y políticas de usuario para proveer a los usuarios acceso a los recursos de red que corresponden.

- Permite brindar al usuario independencia respecto del punto físico de conexión a la red.
- Verifica la identidad del usuario cuando se conecta al puerto del switch y lo coloca en la red (VLAN) correcta.
- Si un usuario falla al identificarse el acceso puede ser rechazado o el usuario puede ser colocado en una VLAN para invitados.

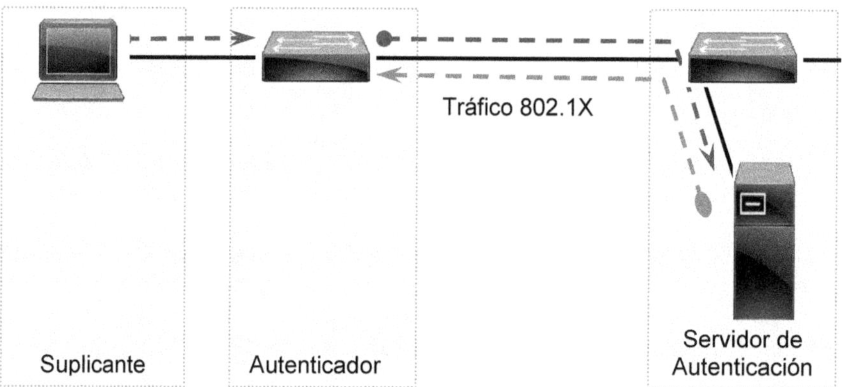

De esta manera la política de seguridad en el acceso que se aplica ya no depende de dónde se conecta el usuario sino de quién es el usuario que se conecta independientemente de dónde lo haga. Cuando un usuario se conecta a la red se le requiere que se autentique y en función de su identidad se lo coloca en la VLAN correcta; si la autenticación falla por el motivo que sea el usuario puede ser rechazado o simplemente colocado en una VLAN para invitados.

La clave para esta implementación es el protocolo IEEE 802.1x que define 3 roles en el proceso:

- Cliente o suplicante.
  Una estación terminal con un cliente de software 802.1x.
- Autenticador.
  Es el dispositivo que controla el acceso físico a la red
- Servidor de autenticación.
  Servidor responsable de verificar las credenciales de cada cliente que se conecta a la red.

Opciones de autenticación externa

La verificación de credenciales puede realizarse sobre una base de datos local en los dispositivos de red. Pero este tipo de implementación no es escalable en redes con múltiples dispositivos, en este caso se puede implementar un servidor de autenticación externo en el que se centralice la gestión de credenciales de usuarios y que brinde servicios de verificación de credenciales centralizado en toda la red. Esto recibe la denominación de AAA.

AAA es el acrónimo de Authentication, Authorization and Accounting, una arquitectura de seguridad con sistemas distribuidos que permite controlar el acceso de los usuarios.

Cuando se implementan servidores de autenticación externos, los 2 servicios más implementados son:

- RADIUS
  Protocolo estándar que combina servicios de autenticación y autorización en un único proceso.
  Utiliza UDP para el intercambio de información.

- TACACS+
  Mecanismo propietario de Cisco que separa los diferentes servicios (autenticación, autorización y registro) en diferentes procesos.
  Utiliza TCP para el intercambio de información.

Cuando se implementa un servidor de autenticación externo es este servidor el que acepta o rechaza la conexión de un usuario en función de la información con la que cuenta.

El proceso de autenticación:

- Una terminal se conecta a la red y se le requiere el ingreso de usuario y clave.

- El dispositivo autenticador hace una solicitud de validación de las credenciales al servidor de autenticación utilizando el protocolo elegido (RADIUS o TACACS+).

- El servidor de autenticación utiliza la información que posee para validar las credenciales del usuario.

- El servidor de autenticación le envía su respuesta (aceptación o rechazo) al autenticador para que aplique la decisión.

Configuración de autenticación en el acceso con RADIUS

```
Router(config)#username Admin password C1sc0123
```

Crea un usuario en una base de datos local (en el dispositivo) para poder utilizarlo cuando el método de autenticación es local.

```
Router(config)#aaa new-model
```

Habilita la operación utilizando el modelo Authentication, Authorization, Accounting.

Aplica por defecto autenticación local a todas las interfaces excepto la consola

Antes de utilizar un servidor de autenticación es necesario establecer una asociación entre el servidor y el dispositivo que utilizará sus servicios.

```
Router(config)#radius-server Server1
```

Define un servidor RADIUS identificado con un nombre, en este caso "Server1", e ingresa al submodo de configuración de este servidor.

```
Router(config-radius-server)#address ipv4 192.168.100.50
```

Asocia al grupo de servidores que se ha creado un servidor RADIUS, en este caso ubicado en la dirección IP 192.168.100.50. El servidor se puede identificar por nombre (requiere DNS).

Opcionalmente se puede indicar un número de puerto UDP si no se utilizan los puertos por defecto.

```
Router(config-radius-server)#key ServerRadius1
```

Asocia la clave pre-compartida del servidor, con el que se acaba de ingresar de modo tal que el dispositivo y el servidor puedan autenticarse recíprocamente. Esta clave debe coincidir con la definida en el servidor para este dispositivo.

```
Router(config-radius-server)#exit
Router(config)#aaa group server radius RadiusGroup
```

Para que el servidor sea operativo debe asociarse ahora a un grupo de servidores RADIUS que se utilicen para tareas de AAA. En este caso se crea un grupo de servidores RADIUS identificado con el nombre "RadiusGroup".

```
Router(config-sg-radius)#server name Server1
```

Incorpora el servidor que se asoció antes al grupo, utilizando como identificador el nombre que se le asignó antes.

A un grupo de servidores se pueden incorporar múltiples servidores que utilizan el mismo protocolo.

```
Router(config-sg-radius)#exit

Router(config)#aaa authenticat login default group RadiusGroup
local
```

Define la utilización de autenticación AAA en el acceso al dispositivo.

Para validar las credenciales de autenticación de los usuarios se utilizará una lista de métodos de autenticación identificada con el nombre "default".

Esta lista está creada por defecto, el Administrador puede crear sus propias listas.

La lista "default" establece que en primer lugar utilizará los servicios del grupo de servidores "RadiusGroup". Si no contesta ninguno de los servidores de ese grupo, entonces utilizará la base de datos creada localmente en el dispositivo.

La política definida se aplica por defecto a todas las interfaces.

```
Router(config)#exit
```

Configuración de autenticación en el acceso con TACACS+

```
Router(config)#username Admin password C1sc0123
Router(config)#aaa new-model
```

Antes de utilizar un servidor de autenticación es necesario establecer una asociación entre el servidor y el dispositivo que utilizará sus servicios.

```
Router(config)#tacacs server ServerTac1
```

Define un servidor TACACS+ identificado con un nombre, en este caso "ServerTac1", e ingresa al submodo de configuración de este servidor.

```
Router(config-server-tacacs)#address ipv4 192.168.100.51
Router(config-server-tacacs)#port 49
```

Cuando el servicio de TACACS+ no utiliza el puerto TCP por defecto, la referencia del puerto utilizado se hace en un comando aparte.

En este caso se marca puerto 49, que es el puerto del servicio por defecto.

```
Router(config-server-tacacs)#key ServerTACACS1
Router(config-radius-server)#exit
Router(config)#aaa group server tacacs+ TACACSGroup
Router(config-sg-radius)#server name ServerTac1
Router(config-sg-radius)#exit

Router(config)#aaa authenticat login default group TACACSGroup
local
```

Define la utilización de autenticación AAA en el acceso al dispositivo.

Para validar las credenciales de autenticación de los usuarios se utilizará una lista de métodos de autenticación identificada con el nombre "default". Esta lista está creada por defecto, el Administrador puede crear sus propias listas.

La lista "default" establece que en primer lugar utilizará los servicios del grupo de servidores "RadiusGroup". Si no contesta ninguno de los servidores de ese grupo, entonces utilizará la base de datos creada localmente en el dispositivo.

La política definida se aplica por defecto a todas las interfaces.

```
Router(config)#exit
```

Simple Network Management Protocol (SNMP)

Protocolo de capa de aplicación que proporciona un servicio de mensajería entre dispositivos (agentes SNMP) y una consola de gestión (SNMP Manager). SNMP permite desarrollar una estructura de administración (NMF) basada en estándares elaborados a partir de múltiples RFCs.

- SNMP Manager.
  Aplicación de gestión de red que proporciona funcionalidades de monitoreo y gestión al Administrador.
  También denominado NMS (Network Management Station).

- Agente SNMP.
  Software que opera en un dispositivo de red que se desea gestionar.
  Recoge información en una base de datos (MIB – Management Information Base) que contienen variables de estadística y configuración del dispositivo.

- MIB.
  Almacenamiento virtual de información de gestión del dispositivo organizada como base de datos de objetos que representan parámetros de configuración y contadores de actividad.

El SNMP Manager periódicamente consulta al Agente SNMP para recolectar información sobre la que luego realiza análisis; también puede realizar modificaciones en la configuración a través del Agente SNMP, si esto se permite.

Se utilizan diferentes tipos de mensajes:

- Mensajes GET.
  Permite que utiliza el SNMP Manager para requerir información almacenada por los Agentes SNMP en su base de datos (MIB) para luego poder analizarla o consultarla.
  La mayoría de las consolas SNMP permiten que el Administrador configure intervalos de tiempo para que la consulta se realice de modo automático.

- Mensajes GET-next.
  Utilizado para solicitar al agente SNMP el próximo objeto de la MIB.

- Mensajes GET-bulk.
  Permite al SNMP manager requerir un conjunto de objetos que componen una tabla con una sola solicitud.

- Mensajes SET.
  Mensajes SNMP que envían modificaciones en los parámetros de configuración que se almacenan en la MIB para que luego se modifique la configuración del dispositivo.

- Mensajes Trap.
  Notificaciones generadas por el mismo Agente SMNP que se envían al NMS sin que haya consulta previa para informar algún evento en particular.
  Estos mensajes pueden desencadenar algún proceso tal como mostrar una alarma en pantalla o disparar la notificación por SMS al Administrador del evento.

- Mensaje Inform.
  Mensaje semejante al mensaje trap con información adicional.

Versiones

Hay 3 versiones principales de SNMP:

- SNMPv1 con control de acceso basado en la comunidad.

  - El nombre de comunidad opera como una clave de autenticación que viaja en texto plano, por lo que su nivel de seguridad es bajo y lo hace susceptible de ataque tipo man-in-the-middle.

  - Hay 3 tipos de comunidades:
    - Read-only (RO) – Permite solamente el monitoreo del dispositivo.
    - Read-write (RW) – Permite acceso de lectura y escritura.
    - Trap.

- SNMPv2c.
  Mejoró el sistema de mensajes, lo que permite obtener mayor cantidad de información del dispositivo de modo más eficiente.

  - Utiliza el mismo sistema de autenticación basado en el nombre de comunidad que la versión 1.

- SNMPv3 con autenticación de usuario y encriptación.
  Incorpora prestaciones de seguridad: Integridad, autenticación y encriptación.

El protocolo versión 3 permite 3 variantes de seguridad:

Nivel	Keyword	Autenticación	Encriptación
NoAuthNoPriv	noaut	Username	---
AuthNoPriv	auth	MD5 o SHA	---
AuthPriv	pri	MD5 o SHA	DES o AES

Configuración de SNMP v2c

Dada la vulnerabilidad de la versión 2c de SNMP, generalmente es implementado exclusivamente en modalidad read-only.

```
Router(config)#ip access-list standard SNMP
Router(config-std-nacl)#permit host 172.16.10.101
Router(config-std-nacl)#exit
Router(config)#ip access-list standard SNMP2
Router(config-std-nacl)#permit host 172.16.20.54
Router(config-std-nacl)#exit
Router(config)#snmp-server community LabCisco ro SNMP
```

Define un nombre de comunidad read only (ro), y limita el acceso al host permitido en la lista de acceso SNMP.

```
Router(config)#snmp-server location BuenosAires
```

Identifica la ubicación física del dispositivo gestionado.

```
Router(config)#snmp-server contact oscargerometta@edubooks.com
```

Permite identificar una persona de contacto para tareas relacionadas con el dispositivo.

Los 3 objetos básicos de información son el nombre del sistema, el contacto y la ubicación. Solamente los 2 últimos necesitan ser definidos, el primero se toma del hostname.

```
Router(config)#snmp-server community LabCisco2 rw SNMP2
```

Define un nombre de comunidad. En este caso se trata de una comunidad read and write (RW), y limita el acceso al host permitido en la lista de acceso SNMP2.

```
Router(config)#snmp-server host 172.16.1.10 LabCisco3
```

Define la dirección IP del host al cual se deben enviar los mensajes trap, y el nombre de la community de intercambio de traps (LabCisco3).

Verificación y monitoreo

```
Router#show snmp community
```

Permite verificar los nombres de las comunidades que se encuentran definidas en el dispositivo y el estado de cada una de ellas

Al ejecutar este comando se visualiza una community que no ha sido definida en la configuración (ILMI). Es una comunidad red-only asociada con el protocolo LMI que se utiliza con switches ATM.

```
Router#show snmp location
Router#show snmp contact
Router#show snmp host
```

Muestra los detalles correspondientes al host que recibe los mensajes trap.

```
Router(config)#end
```

Diagnóstico de conectividad en redes IPv4

No es posible generar un modelo único de diagnóstico de redes IPv4 que responda a todas las posibilidades que se pueden dar en la operación día a día de las redes IPv4.

Cuando se informa un problema de conectividad extremo a extremo, un posible flujo de análisis a realizar es el siguiente:

1. Verificar si la conectividad extremo a extremo es posible.
    - Si la respuesta es SI, entonces no hay problema por resolver.
    - Si la respuesta es NO, se debe pasar a la siguiente instancia.
2. Verificar si hay un problema de conexión física.
    - Si lo hay, entonces se debe resolver el problema físico.
    - Si no lo hay, se debe pasar a la siguiente instancia.
3. Verificar si la ruta actual es o no la ruta deseada.
    - Si no es la ruta deseada, resolver el problema de selección de la ruta.
    - Si es la ruta deseada, pasar a la siguiente instancia.
4. Verificar si el default gateway es el correcto.
    - Si no es el default gateway correcto, se debe corregir.
    - Si es el correcto, pasar a la siguiente instancia.

5. Verificar si se ha configurado correctamente el servicio DNS.
    - Si la configuración no es correcta, corregirla.
    - Si la configuración es correcta, pasar a la siguiente instancia.
6. Verificar si una ACL está bloqueando el tráfico.
    - Corregir la ACL.

IP SLA como herramienta de diagnóstico

La prueba IP SLA echo es una herramienta útil para verificar la conectividad extremo a extremo entre dispositivos. Permite obtener varias mediciones sobre la operación de la red:

- Disponibilidad del transporte extremo a extremo (a partir de la pérdida de paquetes).
- Performance de la red (a partir de los tiempos de respuesta).
- Conectividad extremo a extremo.

Configuración de una prueba IP SLA ICMP echo

De las varias pruebas posibles, la prueba de ICMP echo es una de las más utilizadas.

```
Router(config)#ip sla 1
```

Crea una sonda IP SLA, a la que le asigna un ID (en este caso "1") e ingresa al modo de configuración de la sonda.

```
Router(config-ip-sla)#icmp-echo 192.168.100.50
```

Configura la sonda. En este caso la sonda utilizará paquetes ICMP echo request dirigidos a la dirección IP que se indica.

```
Router(config-ip-sla)#frequency 30
```

Define la frecuencia con la cual se realizará la prueba. Por defecto se realiza cada 60 segundos, en este caso se modifica el valor por segundo para ponerlo en 30 segundos.

```
Router(config-ip-sla)#exit
Router(config)#ip sla schedule 1 life forever start-time now
```

Activa la sonda definiendo el tiempo de duración de la prueba.

Identifica la sonda utilizando su ID (en este caso "1"). A continuación el parámetro "life" define la duración de la prueba (en este caso "forever" indica que no tiene pautada una finalización) y "start-time" define a partir de qué momento se desea activar la sonda (en el ejemplo “now” hace que se active inmediatamente concluido el ingreso del comando.

Verificación de los resultados de la prueba IP SLA

```
Router#show ip sla configuration
```

Permite verificar la configuración de las diferentes sondas que se han creado en el dispositivo.

```
Router#show ip sla statistics
```

Muestra el resultado de las pruebas que se encuentran activas en el dispositivo.

Diagnóstico de las interfaces

Una herramienta esencial para el diagnóstico de las interfaces (además de los LEDs que solo pueden verificarse estando físicamente en el lugar) es el comando show interfaces.

```
Router#show interfaces  GigabitEthernet 0/1
GigabitEthernet0/1 is administratively up, line protocol is up
```

La línea de estado nos da la referencia más cierta respecto del estado operativo de la interfaz.

```
  Hardware is CN Gigabit Ethernet, address is 00d0.bcb2.c002 (bia
00d0.bcb2.c002)
  MTU 1500 bytes, BW 1000000 Kbit, DLY 10 usec,
     reliability 255/255, txload 1/255, rxload 1/255
  Encapsulation ARPA, loopback not set
  Keepalive set (10 sec)
  Full-duplex, 100Mb/s, media type is RJ45
  output flow-control is unsupported, input flow-control is
unsupported
  ARP type: ARPA, ARP Timeout 04:00:00,
  Last input 00:00:08, output 00:00:05, output hang never
  Last clearing of "show interface" counters never
  Input queue: 0/75/0 (size/max/drops); Total output drops: 0
```

Input queue drops.
Indica que en algún momento la interfaz ha recibido mayor cantidad de tráfico de la que estaba en capacidad de procesar.
Esto podría deberse sencillamente a un pico de tráfico normal, o también una indicación de que el procesador opera cerca de su límite. Por esto es importante determinar en qué momentos se produce este problema.

Output queue drops.
Indica que los paquetes se han descartado como consecuencia de una congestión de la interfaz.
Esto es común cuando la cantidad de tráfico que ingresa al dispositivo es mayor que la que puede sacar la interfaz; esto puede provocar que aplicaciones sensibles (p.e. VoIP) tengan problemas de performance. Si el problema persiste en conveniente considerar la implementación de QoS.

```
Queueing strategy: fifo
Output queue:0/40 (size/max)
5 minute input rate 31000 bits/sec, 33 packets/sec
5 minute output rate 28000 bits/sec, 31 packets/sec
   11379 packets input, 12356882 bytes, 0 no buffer
   Received 345 broadcasts, 0 runts, 0 giants, 0 throttles
   0 input errors, 0 CRC, 0 frame, 0 overrun, 0 ignored, 0 abort
```

Indica errores que se experimentan durante la recepción de las tramas. Un valor alto de errores de CRC puede indicar problemas de cableado o de hardware, o problemas de configuración de dúplex.

```
   0 watchdog, 1017 multicast, 0 pause input
   0 input packets with dribble condition detected
   21586 packets output, 2568278 bytes, 0 underruns
   0 output errors, 0 collisions, 1 interface resets
```

Indican problemas durante la transmisión de las tramas tales como colisiones y no debieran registrarse en sistemas full dúplex. Si aparecen en ese entorno indican problemas de configuración de dúplex.

```
   0 unknown protocol drops
   0 babbles, 0 late collision, 0 deferred
   0 lost carrier, 0 no carrier
```

SPAN como herramienta de diagnóstico

En el desarrollo de tareas de monitoreo y diagnóstico de la red, una herramienta muy valiosa son los sniffers o analizadores de tráfico. Para que esta herramienta tenga impacto, su ubicación en la red es un punto esencial.

Las redes actuales son básicamente redes completamente conmutadas (utilizan switches como dispositivos de acceso). Dado que el switch reenvía tramas en función de su dirección MAC de destino, capturar tráfico con un destino específico requiere estar en la ruta directa a ese destino; y el desafío es aún mayor cuando se desea capturar el tráfico que tiene como destino un conjunto de terminales.

La utilización de puertos definidos como SPAN viene a solucionar esas situaciones.

- El puerto SPAN recibe una copia de cada trama que recibe el puerto del switch que se desea monitorear.

- El puerto SPAN se utiliza para conectar la herramienta de análisis de tráfico que se desea implementar.

- El puerto SPAN recibe una copia del tráfico que ingresa o sale de un determinado puerto, sin afectar el reenvío del tráfico de la red.

Configuración de SPAN

```
Switch (config)#monitor session 1 source interface Ethernet0/1 both
```

Crea una sesión SPAN identificada con un ID (en este caso "1") y define cuál es el tráfico que se desea monitorear.

En este ejemplo se define monitorear la interfaz Ethernet0/1, tanto el tráfico que ingresa como el que egresa (both). Puede especificarse únicamente el tráfico que ingresa (rx) o el que egresa (tx). Por defecto se monitorea tanto el tráfico entrante como el saliente.

```
Switch(config)#monitor session 1 destination interface Ethernet0/10
```

Define a qué Puerto ha de enviarse la copia de las tramas que atraviesan el Puerto definido como "source". En este puerto deberá colocarse el analizador de tráfico.

```
Switch(config)#exit
Switch#show monitor
Session 1
---------
Type              : Local Session
Source Ports      :
    Both          : Eth0/1
Destination Ports : Eth0/10
    Encapsulation : Native
```

- El puerto destino no puede ser un puerto origen.
- El puerto destino deja de ser un puerto de switch normal. Sólo permite monitorear tráfico que atraviesa ese puerto.

Introducción a QoS

Sobre las redes corporativas convergentes actuales se ofrecen multiplicidad de servicios y operan diferentes aplicaciones. Es por esto que en las actuales redes convergentes es posible que coexisten simultáneamente diferentes tipos de tráfico. Cada uno de esos tipos de tráfico genera flujos de información cada uno de los cuales tiene características específicas.

Es de suma importancia tener presentes estas características a fin de poder identificar los requerimientos de cada flujo de tráfico para luego realizar una definición de políticas adecuada.

Si bien la variedad de aplicaciones y protocolos es muy amplia y depende inicialmente de opciones diferentes en cada organización, hay servicios que tienden a implementarse en la mayoría de las redes corporativas y que generan patrones de tráfico específicos que vamos a encontrar en la mayoría de las redes actuales.

En una primera aproximación se pueden diferenciar 3 tipos básicos de tráfico que debemos considerar en las redes convergentes actuales:

<table>
<tr><th></th><th>Voz</th><th>Video</th><th>Datos</th></tr>
<tr><td>Latencia</td><td>< 150 mseg.</td><td>< 150 mseg.</td><td rowspan="4">Se trata en general de un tráfico benigno e irregular (por ráfagas) a pesar de lo cual diferentes aplicaciones tienen diferentes requerimientos.
Las aplicaciones sobre TCP son tolerantes a la pérdida de paquetes y no son sensibles al delay.
Requiere clasificación según requerimientos y criticidad:
* Misión crítica.
* Transaccional.
* Best-effort.</td></tr>
<tr><td>Jitter</td><td>< 30 mseg.</td><td>< 30 mseg.</td></tr>
<tr><td>Pérdida Paquetes</td><td>< 1 %</td><td>0,1 a 1 %</td></tr>
<tr><td>Características</td><td>Tráfico UDP-RTP de paquetes pequeños.
Es un tráfico benigno para la red, previsible, que requiere asignación de ancho de banda constante.
Tiene poco impacto en otras aplicaciones.
Se debe considerar también el tráfico de señalización y control.</td><td>Tráfico UDP-RTP de paquetes medianos o grandes. Hay diferentes subtipos con requerimientos muy diversos.
Se debe considerar también el tráfico de señalización y control.</td></tr>
</table>

La respuesta: QoS

La complejidad y requerimientos de las redes actuales requieren entonces ir más allá de la simple preocupación por la conectividad con el propósito de garantizar las condiciones en que la información de las diferentes aplicaciones circulará sobre la red una vez establecida esa conexión entre origen y destino.

El objetivo de implementar calidad de servicio es garantizar condiciones específicas de disponibilidad de ancho de banda, delay y pérdida de paquetes para cada uno de esos diferentes tipos de tráfico.

Con este objetivo se utiliza una metodología que puede ser descripta en un esquema de 3 pasos:

1. Individualizar los diferentes tipos de tráfico que conviven en la red e identificar los requerimientos específicos de cada uno de ellos.

2. Agrupar los diferentes tipos de tráfico en clases considerando aquellas aplicaciones o servicios que tienen requerimientos semejantes.
   Esto permitirá luego aplicar a cada clase mecanismos o políticas apropiadas.

3. Definir las políticas que se aplicarán a cada clase de tráfico.
   Para esto se deben especificar los diferentes niveles de servicio: ancho de banda mínimo y máximo garantizado, prioridad y otros features de management de las colas de memoria para administrar la congestión.

Mecanismos de QoS

Hay diferentes categorías de herramientas que se utilizan en la implementación de QoS:

- Herramientas de clasificación y marcado.
  Son mecanismos que analizan el tráfico para clasificarlo en diferentes clases.
  La clasificación es una tarea que requiere recursos, con lo que ha de procurarse realizarla la menor cantidad de veces posible; por esto, luego de clasificar el tráfico se lo marca, lo más cerca posible del acceso a la red.

- Herramientas de policing, shaping y remarcado.
  Son herramientas que permite asignar recursos a diferentes tipos de tráfico. Cuando los requerimientos comienzan a saturar los recursos disponibles estas herramientas permiten definir qué tráfico se descarta o se demora o remarca para evitar la congestión de los enlaces.

- Herramientas de gestión de la congestión y scheduling.
  Cuando el tráfico excede la capacidad de la red el tráfico es colocado en colas de memoria a la espera de contar con suficientes recursos. Estas herramientas permiten gestionar ese tráfico según parámetros definidos.

- Herramientas específicas de los enlaces.
  Sobre enlaces WAN es posible aplicar herramientas especiales de calidad de servicio, como es el caso de la fragmentación e intercalado.

Frontera de confianza

En la definición del lugar en el que ha de realizarse la clasificación y marcado del tráfico es importante el concepto de "frontera de confianza". La frontera de confianza es el punto de la red en el que los paquetes son marcados; en este punto se puede incluir nuevas marcas, remover las existentes o cambiarlas.

Como consecuencia surgen algunos conceptos adicionales:

- Dominio no confiable (untrusted).
  Se trata de dispositivos con acceso de usuarios sobre los cuales no se tiene gestión completa.
  El tráfico generado en este dominio es reclasificado y remarcado para asegurar las políticas de la red.

- Dominio de confianza (trusted).
  Porción de la red sobre la cual se tiene control completo, integrado solamente con dispositivos gestionados por el Administrador.

- Frontera de confianza.
  Punto de la red que separa el dominio no confiable del confiable en el que los paquetes son clasificados y marcados.
  También hay una frontera de confianza en el punto de conexión de la red corporativa con la red del proveedor de servicios.

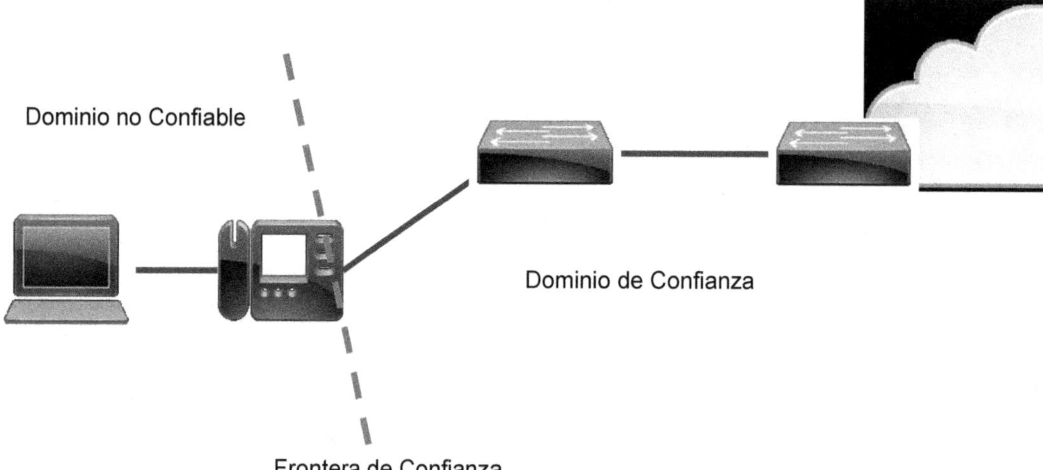

Herramientas de marcado

Un marcador es una herramienta que es impone (escribe) un valor específico en un campo de alguno de los encabezados con el propósito de que la clasificación realizada sea luego utilizada por todos los dispositivos del dominio de confianza.

Hay varios mecanismos de marcado posibles:

- Marcado en capa 2.
  - CoS.
    Marcado de tramas Ethernet 802.1Q.
  - TID.
    Marcado de tramas 802.11 (WiFi).
- Marcado en capa 3.
  - ToS.
    3 bits de un Campo del encabezado IPv4 aplicado a este propósito.
  - DSCP.
    Es el mismo campo del encabezado IPv4/IPv6, pero en este caso se utilizan 6 bits con este propósito.

A estos mecanismos se suman otros semejantes que permiten realizar esta tarea sobre paquetes GRE, MPLS, IPsec, etc.

Herramientas de clasificación

Un clasificador es una herramienta que inspecciona los paquetes con el propósito de determinar de qué tipo de tráfico se trata a fin de darle el tratamiento correspondiente.

La práctica recomendada es que esta tarea se realice lo más cerca posible del acceso.

Hay 3 mecanismos básicos de clasificación:

- En base a la marca.
  Si el paquete ha sido previamente marcado, el paquete se clasifica tomando como referencia la marca que se porta en capa 2 o capa 3.

- En base al direccionamiento.
  Para clasificar se toma como referencia algún elemento de direccionamiento: interfaz de origen o destino, direcciones o puertos de capa 2, 3 o 4 de origen o destino.

- En base a las aplicaciones.
  La clasificación se realiza tomando como referencia el contenido del paquete.

Una mención aparte merece NBAR. Se trata de una herramienta de clasificación que considera la información de capa 4 a 7 de cada paquete.

- Requiere más procesamiento que una clasificación realizada en base a listas de acceso.

- Reconoce los paquetes utilizando la porción de datos de los paquetes que son comparados con información contenida en los PDLM (una base de datos de firmas).

- Dos modos de operación:

  - Modo pasivo.
    Proporciona estadísticas de tráfico en tiempo real.

  - Modo activo.
    Clasifica las aplicaciones en base a las marcas.

Policing, shaping y remarcado

Una vez clasificado el tráfico se le pueden aplicar diferentes acciones:

- Los mecanismos de policing permiten descartar o remarcar paquetes que exceden un determinado ancho de banda que se define como límite.
  Se pueden aplicar tanto sobre tráfico entrante como saliente.
  No introducen delay en la comunicación sino que solo verifica que se cumpla con la política.

- Los mecanismos de shaping, en cambio, limitan las tasas de transmisión de tráfico en las interfaces salientes haciendo buffering de los paquetes que exceden el límite definido.
  Dado que opta por mantener en la cola de memoria el tráfico excedente, se introduce delay en la comunicación.

Policing	Shaping
Se puede aplicar tanto en el tráfico entrante como en el saliente.	Se aplica únicamente sobre el tráfico saliente.
Los paquetes que se encuentran fuera del perfil son descartados o remarcados.	Los paquetes que se encuentran fuera del perfil son bufferizados hasta el límite de la cola de memoria.
El descarte de paquetes provoca el reenvío en aplicaciones TCP.	La bufferización del excedente minimiza el reenvío de TCP.
Soporta el marcado o remarcado de paquetes.	No soporta marcado o remarcado de paquetes.
Utiliza menor cantidad de memoria RAM.	Permite interacción con interfaces Frame Relay para permitir control de congestión.
No introduce delay en la comunicación.	Introduce delay variable en la comunicación.

Herramientas para gestionar la congestión

Se produce congestión en una interfaz siempre que el tráfico arriba al dispositivo a una tasa superior a aquella a la cual puede enviarlo a través de la interfaz de salida.

- Mientras no hay congestión el tráfico se reenvía tan rápido como se recibe.
- Cuando se produce congestión, entonces se aplican las herramientas de gestión de esa situación.

Hay diferentes mecanismos que permiten gestionar la congestión.

- Queuing (encolado de paquetes).
  Los paquetes que se reciben y no se pueden reenviar son temporalmente almacenados en un buffer de memoria.
  Este mecanismo se activa solamente cuando ocurre una congestión.
- Scheduling.
  Proceso que define cuáles son los paquetes, almacenados en los buffers de memoria, que deben ser enviados en primer lugar.
  Los 3 básicos son:
    - Prioridad estricta.
      Las colas de memoria de menor prioridad solo podrán enviar tráfico una vez que las colas de mayor prioridad se hayan vaciado.

- Round-robin.
  Las colas de memoria son atendidas en manera secuencial una tras la otra.

- Weighted fair.
  Se asigna a cada cola un "peso" en función del cual unas colas de memoria son más atendidas que otras.

Los mecanismos de scheduling aplicados en la actualidad, en general, son el resultado de diferentes combinaciones de estos 3 mecanismos básicos. Entre los mecanismos resultado de combinar los anteriores se pueden mencionar:

- FIFO.
  Una única cola de memoria de la cual los paquetes salen en el mismo orden en que ingresan.

- PQ.
  Conjunto de 4 colas de memoria que son atendidas en un esquema de prioridad estricta.

- CQ.
  Conjunto de 16 colas de memoria que son atendidas en un esquema de round-robin.

- WFQ.
  Algoritmo que divide la capacidad de la interface sobre la base de la cantidad de flujos (comunicaciones, flows) que busca asegurar una distribución adecuada del ancho de banda a todas las aplicaciones.

En redes que transportan tráfico multimedia que opera en tiempo real, se aplican nuevos mecanismos:

- CBWFQ.
  Combinación de un mecanismo que garantiza ancho de banda con el reparto equitativo entre múltiples flujos.
  No garantiza latencia y por lo tanto es aplicable a aplicaciones que transportan datos.

- LLQ.
  Derivación de CBWFQ que incluye una cola de prioridad estricta. De esta manera se tiene un mecanismo óptimo para redes convergentes que transportan voz y datos.

Herramientas para evitar la congestión

Aún las colas de memoria de las interfaces tienen una capacidad limitada. Si una cola de memoria se completa el dispositivo comenzará a descartar paquetes indiscriminadamente. Esta acción recibe el nombre de "tail drop".

- Cuando se produce tail drop esto es un problema para las sesiones TCP que se ven interrumpidas, pudiendo provocar un desperdicio notorio de ancho de banda.

- Cuando se pierden paquetes de una sesión TCP se reduce drásticamente la tasa de transmisión de esa sesión.

- Adicionalmente se puede generar una sincronización de las sesiones TCP que atraviesan una ruta, lo cual también provoca un aprovechamiento sub-óptimo del ancho de banda disponible.

Las técnicas para evitar la congestión lo que implementan es un descarte selectivo de los paquetes.

- Consiste en un descarte al azar de paquetes antes de que la cola de memoria llegue a su capacidad máxima y de este modo se aprovecha el mecanismo interno de TCP que reduce la tasa de transmisión de la sesión afectada. Esto evita la sincronización de sesiones.

Los algoritmos utilizados son:

- RED.
  Descarta paquetes al azar a medida que se va completando la cola de memoria.

- WRED.
  Como RED hace un descarte temprano al azar de paquetes, pero en este caso la agresividad del descarte es en función del "peso" definido.

2.7. Tecnologías WAN

Las abreviaturas y siglas utilizadas en este manual se encuentran desarrolladas en el Glosario de Siglas y Términos de Networking que está disponible en la Librería en Línea de EduBooks:
https://es.scribd.com/document/292165924/Glosario-de-Siglas-y-Terminos-de-Networking-version-1-2

Síntesis del temario del examen ICND1

Sus características principales de las redes WAN:

- Conectan dispositivos separados por distancias importantes.
- Utiliza los servicios de un carrier.
- Utiliza conexiones de diferente tipo.

Terminología WAN

- Punto de demarcación.
- Bucle local o última milla.
- POP – Punto de presencia.
- CO – Central Office.
- CPE – Customer Premises Equipment.
    - Cuando se conecta a una línea digital se utiliza un CSU/DSU.
    - Cuando se conecta a una línea analógica utiliza un módem.
- DTE/DCE.

La conectividad a Internet

Mecanismos para conectar pequeñas redes a Internet:

- Medios de cobre.
  DSL, cableado UTP o cable coaxial.
- Medios de fibra óptica.
- Medios inalámbricos.
  WiMAX, 3G, 4G, 5G, acceso satelital.

Direccionamiento IP asignado por el proveedor de servicio

- Se debe aplicar a la interfaz que conecta hacia el ISP y puede aplicarse de modo estático o automático.

Configuración de direccionamiento estático

```
Router(config)#interface GigabitEthernet0/0
Router(config-if)#ip address 201.170.15.17 255.255.255.252
Router(config-if)#no shutdown
Router(config-if)#exit
Router(config)#ip route 0.0.0.0 0.0.0.0 201.170.15.18
```

Configuración de direccionamiento dinámico

Modalidades básicas a considerar:

- Asignación dinámica.
- Asignación automática.
- Asignación estática.

```
Router(config)#interface GigabitEthernet0/0
Router(config-if)#ip address dhcp
```

Lo desarrollado hasta este punto es una síntesis del temario del examen ICND1 creado con la intención de brindar una herramienta de repaso de esos temas.
Un desarrollo completo de estos temas puede encontrarse en el Apunte Rápido CCENT versión 6.1 que ya he publicado.

Terminología WAN

El punto de demarcación

Representa el punto en el cual terminan las responsabilidades del proveedor de servicio y empiezan las del Administrador de la red corporativa. Usualmente es el punto de conexión que entrega el proveedor que permite la conexión física con la red WAN, generalmente será un conector RJ-45 o serial.

El bucle local

También llamado "última milla". Se trata del enlace que conecta físicamente el punto de demarcación con la red del proveedor de servicio.

Este bucle local puede utilizar diferentes tecnologías, tales como DSL, DOCSIS, líneas punto a punto u otras.

Routers

Como dispositivo de acceso es el responsable de proveer interfaces de acceso que permiten la conexión a la red del proveedor de servicios. Pueden ser interfaces seriales o Ethernet. En algunos casos la interfaz requiere la implementación de un CSU/DSU o un módem para conectar al POP del proveedor.

Los routers de core son los que componen el backbone de la red WAN. Se caracterizan por brindar diversidad de interfaces para diferentes tipos de conexiones y la alta velocidad para el reenvío de tráfico.

CPE

Es el dispositivo instalado en el punto de demarcación. Es el que actúa como interfaz ente la red corporativa y la red del proveedor, y puede ser propiedad de la organización o del service provider.

CSU/DSU

Dispositivo que permite conectar un DTE a un circuito digital provisto por el proveedor de servicios. Se trata en realidad de 2 dispositivos en una caja: el CSU es el terminado de la señal digital y asegura la integridad de la conexión; el DSU convierte la línea del carrier en tramas que la red receptora puede interpretar.

En algunos casos puede encontrarse implementado como un módulo dentro del mismo router.

También es referenciado como DCE; esta es una denominación más general y que hace alusión a que provee una interfaz a la cual conectar un DTE. Cuando se trata de una línea digital el DCE es una CSU/DSU, en el caso de líneas telefónicas el DCE es en realidad un módem.

DTE

Dispositivo que es origen o destino de información en formato digital. Puede tratarse de una terminal, un servidor o un router.

Módem

Dispositivo capaz de interpretar señales digitales y analógicas lo que permite la transmisión sobre líneas telefónicas de voz convencionales. Puede tomar una señal digital y modularla sobre una línea analógica, y a la inversa, convertir una señal analógica en digital.

Hay diferentes tipos de módems según la línea de conexión hacia el service provider: módem telefónico, módem DSL, cable módem, etc. También es posible que el módem se encuentre integrado en el router como un módulo.

Conversor de fibra óptica

Es utilizado para terminar un enlace de fibra óptica y convertir las señales ópticas en eléctricas y viceversa. También es posible que el conversor esté integrado como un módulo en el router o switch.

Topologías posibles

- Estrella o hub and spoke.
  Es la forma más simple de conexión y la que requiere menor cantidad de circuitos. Permite de modo sencillo que múltiples sitios tengan acceso a un conjunto de recursos centralizados. Todas las comunicaciones WAN atraviesan el core.
  Tiene desventajas claras: el punto central representa un único punto de fallos y limita la performance del acceso a los recursos.

- Malla completa.
  En este esquema todos los puntos se conectan con todos, lo que permite que cada posición tenga conexión directa con cualquier otra. Es el diseño que proporciona mayor nivel de redundancia, sin embargo tiende a no ser posible en despliegues de envergadura ya que requiere una cantidad muy elevada de conexiones y su configuración tiende a ser compleja de modo creciente.

- Malla parcial.
  Permite reducir el número de conexiones directas que son necesarias para completar una malla. En este caso no todos los puntos se conectan contra todos sino que se elaboran esquemas de interconexión regional que reduzcan la cantidad de enlaces necesarios.

Opciones de conexión WAN

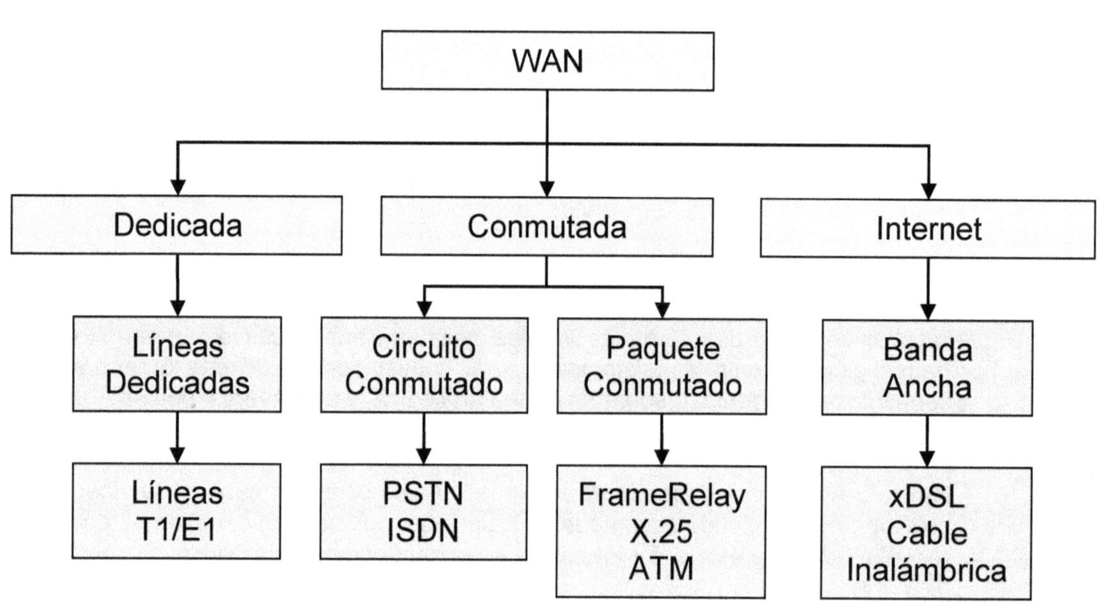

Redes WAN privadas

Líneas Dedicadas

Brindan conexión permanente punto a punto. Están limitadas únicamente por la capacidad de la capa física. Brindan mayor control, ancho de banda dedicado, aunque con un costo alto.

- No está sometida a latencia ni fluctuaciones de fase.
- Utilizan enlaces de acceso: T1/E1 y siguientes.
- Interfaz del router a conectar: Serial.
- Protocolos de encapsulación: HDLC, PPP.
- Estos servicios hoy están siendo reemplazadas por diferentes tipos de VPNs dado su alto costo.

Redes Conmutadas.

- Servicios de circuito conmutado.
  Operan sobre la base del establecimiento de circuitos virtuales que se generan dinámicamente para definir circuitos temporales dedicados ente origen y destino.
- Servicios de paquete conmutado.
  Estos servicios apuntan a un manejo más eficiente del ancho de banda disponible considerando que los flujos de datos son fluctuantes. En estas redes capa paquete se identifica como perteneciente a un cliente en particular y reenviado hacia el destino en función de esa etiqueta.
  - X.25.
    Bajo control, ancho de banda compartido, costo variable.
    Puede presentar latencia y fluctuaciones de fase. Para un uso limitado de alta confiabilidad.
  - Frame Relay.
    Control medio, ancho de banda compartido de hasta 8 Mbps, costo medio.
    Puede presentar latencia y fluctuaciones de fase.
    Enlace de acceso: T1, E1 y siguientes.
    Interfaz del router: Serial.
    Protocolo de encapsulación: Frame Relay.
  - ATM.
    Propiamente es una tecnología de celda conmutada, no paquete conmutado.
    Ancho de banda compartido, de baja latencia y ancho de banda de hasta 155 Mbps.
    Puede transmitir tanto tráfico de voz y video digitales como de datos. Presenta baja latencia y fluctuación de fase.

Redes WAN públicas y acceso a Internet

Las conexiones públicas utilizan la infraestructura global de Internet. A través de Internet es posible mantener comunicaciones privadas utilizando servicios de VPNs, sean gestionados por el proveedor de servicio o por la propia organización.

Cada tecnología WAN de las utilizadas en redes WAN privadas puede ser también utilizada para brindar acceso a Internet.

VPNs gestionadas por el proveedor

Los proveedores de servicios ofrecen conectividad VPN sobre capa 2 o capa 3 sobre redes MPLS que es una tecnología diseñada para soportar de modo eficiente el reenvío de paquetes a través del core de la red.

- VPNs MPLS capa 2.
  Son útiles para quienes corren su propia infraestructura de red capa 3 y requieren consiguientemente conectividad capa 2. De esta manera el cliente gestiona su propia información de enrutamiento y puede implementar sobre la WAN aplicaciones que requieren que los nodos se encuentren en el mismo dominio de broadcast.
  Son ejemplos de este tipo de VPNs: VPLS y VPWS.
  Desde la perspectiva del cliente la red WAN opera como un gran switch virtual.

- VPNs MPLS capa 3
  En este caso se utiliza una subred IP específicamente para asegurar la conectividad WAN sobre la red del proveedor. En este caso es necesario que el service provider participe del intercambio de información de enrutamiento con el cliente ya que la adyacencia se establece entre el CE del cliente y el PE del proveedor.
  Son una implementación adecuada para quienes desean delegar en el proveedor el enrutamiento.
  Desde la perspectiva del cliente la red WAN opera como un gran router virtual.

VPNs gestionadas por la empresa

Son un mecanismo adecuado para que la propia empresa logre una conectividad WAN segura, confiable y efectiva en costo. En este caso la VPN es un puente sobre Internet o una red WAN que permite conectar 2 redes LAN.

Tipos básicos de VPNs:

- VPN site-to-site.
  Se trata de una red privada virtual que conecta redes LAN a través de una conexión sitio a sitio. A la VPN se accede a través de un dispositivo (router o firewall) que se ocupa de encriptar el tráfico saliente y encapsularlo para que sea enviado a través de un túnel hasta el otro extremo de la VPN.
  En el otro extremo el dispositivo que recibe el tráfico lo des encapsula y lo des encripta para enviarlo hacia la terminal de destino.

- VPN de acceso remoto.
  Diseñada para responder a las necesidades del teletrabajo y los usuarios móviles.
  En este caso cada terminal tiene un cliente de software instalado que es el responsable de levantar el túnel encriptado contra un dispositivo que actúa como terminador de estos túneles.

Este tipo de VPNs proporciona múltiples ventajas a la empresa:

- Se reducen los costos de conectividad remota.
- Aseguran alta escalabilidad al poder aprovechar la capilaridad de Internet.
- Compatibilidad con las tecnologías de banda ancha.
- Un alto grado de seguridad a través de la implementación de algoritmos de cifrado y autenticación avanzados.

Hay diferentes mecanismos disponibles para el despliegue de estas VPNs.

- Túnel IPsec.
  Es el modelo básico de implementación de VPNs IPsec. Provee un túnel para la conexión directa entre punto agregando confidencialidad, control de la integridad de los datos, autenticación, protección anti-replay.
- Túnel GRE sobre IPsec
  Si bien los túneles IPsec tienen múltiples ventajas, también tienen limitaciones: no soportan broadcast ni multicast lo que complica la operación de los protocolos de enrutamiento y otros que se basan en multicast.
  GRE es un protocolo que permite transportar múltiples protocolos (aún no IP), multicast y broadcast. La combinación de túneles GRE con IPsec permite transportar entonces protocolos de enrutamiento o tráfico de múltiples protocolos a través de la red.
  Es generalmente utilizado para desplegar topologías hub and spoke empleando túneles estáticos. Una solución adecuada para redes WAN pequeñas.
- DMVPN
  Es un mecanismo propietario de Cisco que permite mejorar la escalabilidad en redes que emplean túneles IPsec. Facilita el aprovisionamiento de múltiples dispositivos peer, permitiendo incluso el uso de direccionamiento dinámico. Se sugiere utilizar PKI como mecanismo de autenticación.
  Permite configurar una única interfaz túnel mGRE y un único perfil IPsec en el dispositivo central (hub) y desde allí gestionar los múltiples dispositivos remotos (spoke).
  Presenta diversas ventajas, la más destacable es la escalabilidad ya que con una misma configuración se pueden conectar múltiples dispositivos remotos. También permite montar inmediatamente conexiones IPsec punto a punto sobre los túneles GRE multipunto sin necesidad de configurar peers IPsec.

- IPsec VTI
  Es un método para simplificar la configuración de IPsec.
  Hay 2 tipos de interfaces VTI: estáticas y dinámicas. Permiten implementar la sesión IPsec como si se tratara de una interfaz. Es de configuración muy simple. Soporta multicast y broadcast aunque sin el requerimiento de GRE y la carga de encabezados que esto supone.

Líneas punto a punto

Las líneas punto a punto proporcionan comunicaciones preestablecidas en amplias áreas geográficas. Una línea serial puede conectar 2 sitios geográficamente separados.

Cuando son contratadas a un proveedor de servicios se dedica capacidad de transporte fija y recursos de hardware para sostener esa línea de comunicación, aunque el carrier puede aún utilizar multiplexación dentro de la red.

- Alto costo.
- Muy baja latencia y jitter.
- Alta disponibilidad.
- Ancho de banda dedicado.
- Requiere un puerto serial en el router por cada línea.
- Conecta con la red del proveedor a través de un CSU/DSU.

Bases de una conexión serial

La velocidad de las líneas dedicadas sigue las definiciones que se generaron en su momento en base al estándar de las líneas telefónicas. La base de definición de velocidad de las líneas es la de una línea telefónica digital o DS0 que es de 64 Kbps. De ahí que la asignación de ancho de banda de estas líneas es siempre un múltiplo de 64:

Denominación	T-Carrier	E-Carrier
DSO	0,064 Mbps	0,064 Mbps
DS1	T1 - 1,544 Mbps	E1 – 2,048 Mbps
DS2	T2 – 6,312 Mbps	E2 – 8,448 Mbps
DS3	T3 – 44,736 Mbps	E3 – 34,368 Mbps
DS4	T4 – 274,176 Mbps	E4 – 139,264 Mbps
DS5	T5 – 400,352 Mbps	E5 – 565,148 Mbps

La línea del service provider, típicamente se conecta a un CSU/DSU, que a través de una conexión serial es conectado al router de borde de la red corporativa. Este dispositivo opera en la capa física y actúa como intermediario entre la red del service provider y el router.

La conexión entre la CSU/DSU y el router es una conexión serial sincrónica. Como toda conexión sincrónica tiene un extremo DCE (la CSU/DSU) que controla la velocidad de la conexión, y otro extremo DTE (el router) cuya sincronía es controlada desde el extremo DCE. De este modo el router envía y recibe bits solamente cuando el DCE genera el pulso eléctrico (clocking) correcto en el cable que envía señal de clock.

El extremo DCE de la conexión es el que define la capacidad (velocidad) de la misma.

Encapsulación HDLC

- Protocolo de encapsulación de capa de enlace de datos.
- Provee servicios de encapsulación de tramas en enlaces sincrónicos punto a punto.
- La versión propietaria de Cisco agrega un campo tipo que le permite soportar múltiples protocolos de capa de red. Esto permite, por ejemplo, transportar IPv4 e IPv6 sobre el mismo enlace.

Flag	Direc	Ctrl	Tipo	Datos	FCS

- Con IOS es la opción de encapsulación por defecto en enlaces seriales.

Encapsulación PPP

PPP es un protocolo estándar de encapsulación de capa 2 que puede ser utilizado sobre diferentes tipos de enlaces. Originalmente fue desarrollado para operar en línea dedicadas punto a punto aunque hoy puede operar sobre una variedad muy amplia de tecnologías de capa física (enlaces sincrónicos y asincrónicos) y se convirtió en un estándar para la implementación de diversas prestaciones.

- Provee conexiones router a router o terminal a red.
- Sobre circuitos sincrónicos o asincrónicos.
- Es estándar.
- Incluye prestaciones importantes como gestión de calidad del enlace, detección de errores y autenticación.
- Permite transportar múltiples protocolos de capa de red.

Flag	Direc	Ctrl	Protocolo	Datos	Flag

PPP tiene 3 componentes principales:

- LCP.
  Negocia las condiciones de establecimiento y cierre del enlace. Es el responsable de configurar los enlaces, probar y terminar la conexión. Entre otras posibilidades incluye 2 opciones de autenticación.

- NCP.
  Permite detectar y operar simultáneamente con múltiples protocolos de capa 3.

- HDLC.
  Se utiliza para el transporte de datos.

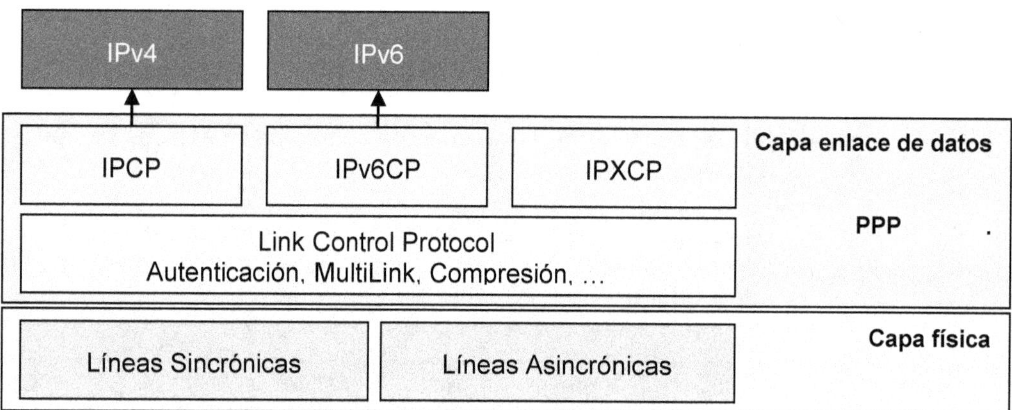

Se utiliza una instancia de LCP por cada enlace y una instancia de NCP por cada protocolo de capa 3 que se negocia en cada enlace.

El protocolo incluye varias opciones de configuración:

- Autenticación: PAP / CHAP.
- Compresión.
- Detección de errores.
- Multilink.

El establecimiento de un enlace PPP pasa por varias etapas:

1. Fase de establecimiento de la conexión. LCP.
2. Fase de autenticación (opcional). LCP.
3. Fase de protocolo de red. NCP.
4. Transferencia de datos. HDLC.
5. Fase de cierre de la sesión. LCP.

Configuración de PPP

```
Router#configure terminal
Router(config)#interface serial 0/0/0
Router(config-if)#bandwidth 64
Router(config-if)#clock rate 64000
```

Si se trata del extremo DCE de la conexión es necesario definir la tasa de transferencia del mismo.

La tasa de transferencia del enlace se expresa ene bits por segundo. En este caso se trata de un enlace de 2 Mbps. Los valores posibles dependen del hardware de la interfaz.

 En el caso de enlaces seriales, cuando no se implementa un CSU/DTU, un extremo se comporta como DCE y el otro como DTE. Los routers Cisco son por defecto dispositivos DTE.

 En los routers Cisco es el cable conectado a la interfaz el que define el rol DCE o DTE en la conexión.

```
Router(config-if)#encapsulation ppp
```

Define PPP como protocolo de encapsulación del enlace. Modifica la opción por defecto de la interfaz que es HDLC.

El protocolo de encapsulación debe coincidir en ambos extremos del enlace.

Verificación y monitoreo

```
Router#show controllers Serial0/0/0
```

Muestra información de la interfaz física y el tipo de cable que tiene conectado.

Es el comando que debemos utilizar para verificar si el cable conectado a la interfaz es DCE o DTE.

```
Router#show interfaces serial 0/0/0
Serial0/0/0 is up, line protocol is up
  Hardware is HD64570
Internet address is 192.168.13.1/24
MTU 1500 bytes, BW 64Kbit, DLY 20000 usec, rely 255/255, load 1/255
Encapsulation PPP, loopback not set, keepalive set (10 sec)
LCP Open
Open: IPCP, CDPCP
[Continúa…]
```

Indica la encapsulación que está utilizando actualmente el enlace y el estado de negociación de LCP (Open indica que se encuentra operativo) y las instancias de NCP que han negociado. En este caso se ha negociado IPv4 (IPCP) y CDP (CDPCP).

Autenticación con PPP

PPP ofrece una prestación opcional de autenticación que permite mejorar la seguridad de los enlaces. Cuando se encuentra activada los dispositivos que inician la sesión deben pasar el proceso de autenticación antes de que se establezca el enlace; si por algún motivo el proceso de autenticación falla el enlace no se establece.

Si la autenticación falla, la interfaz queda en estado up/down.

PPP define 2 protocolos de autenticación:

- PAP
    - Es un mecanismo de intercambio de 2 vías simple.
    - El dispositivo que inicia la conexión solicita ser autenticado enviando la clave en texto plano. El dispositivo que recibe la clave confirma que es la correcta y envía un mensaje de acknowledgment para informar que la autenticación fue exitosa.
    - El nodo remoto controla la frecuencia con la que se re-intenta el intercambio de credenciales cuando no se autentica en el intercambio inicial.
    - El intercambio se realiza solamente en el momento previo al establecimiento del enlace y sin utilizar cifrado en las credenciales. Está en desuso porque el intercambio de la clave en texto plano lo hace muy vulnerable.
- CHAP
    - Es la opción más segura, la preferida y más implementada.
    - El dispositivo que requiere autenticación inicia un intercambio de triple vía enviando un texto de desafío (challenge) solicitando respuesta. El dispositivo que recibe el desafío devuelve el texto luego de pasarlo por un algoritmo de hash (MD5). Finalmente el que inició el proceso compara el hash recibido para verificar que sea el correcto, y si la comparación es exitosa envía al otro extremo el mensaje de confirmación.
    - El valor de desafío que utiliza es único y seleccionado al azar.
    - Las credenciales nunca se envían entre los dispositivos a través del enlace.
    - Repite periódicamente el proceso de autenticación para asegurar que se mantiene la valides de la conexión. El período de tiempo para la repetición es seleccionado al azar por el autenticador.

Configuración de autenticación PAP

```
LAB_A#configure terminal
LAB_A(config)#username LAB_B password cisco
```

Define las credenciales de autenticación que es necesario que envío el dispositivo en el otro extremo del enlace para que la autenticación sea exitosa.

```
LAB_A(config)#interface serial 0/0/0
LAB_A(config-if)#encapsulation ppp
LAB_A(config-if)#ppp authentication pap
```

Indica que esta interfaz requiere autenticación PAP sobre este enlace para identificar el dispositivo en el otro extremo.

El otro extremo deberá enviar las credenciales creadas antes con el comando username.

```
LAB_A(config-if)#ppp pap sent-username LAB_A password cisco
```

Define las credenciales de autenticación que se han de enviar al dispositivo en el otro extremo del enlace.

```
LAB_A(config-if)#no shutdown

Lab_B#configure terminal
LAB_B(config)#username LAB_A password cisco
LAB_B(config)#interface serial 0/0/0
LAB_B(config-if)#encapsulation ppp
LAB_B(config-if)#ppp authentication pap
LAB_B(config-if)#ppp pap sent-username LAB_B password cisco
LAB_B(config-if)#no shutdown
```

Configuración de autenticación CHAP

```
Router#configure terminal
Router(config)#hostname LAB_A
```

En este caso es necesario configurar hostname ya que es utilizado como username para la autenticación con el peer.

```
LAB_A(config)#username LAB_B password cisco
LAB_A(config)#interface serial 0/0/0
LAB_A(config-if)#encapsulation ppp
LAB_A(config-if)#ppp authentication chap
```

La sesión PPP que se inicie a través de esta interfaz será autenticada utilizando CHAP.

```
LAB_A(config-if)#no shutdown

Router#configure terminal
Router(config)#hostname LAB_B
LAB_B(config)#username LAB_A password cisco
LAB_B(config)#interface serial 0/0/0
LAB_B(config-if)#encapsulation ppp
LAB_B(config-if)#ppp authentication chap
LAB_B(config-if)#no shutdown
```

Verificación

```
LAB_A#show ppp all
```

Verifica las sesiones PPP establecidas y muestra la información de autenticación utilizada.

```
LAB_A#debug ppp negotiation
LAB_A#debug ppp authentication
1d01h: %LINK-3-UPDOWN: Interface Serial0/0/0, changed state to up
1d01h: Se0/0/0 PPP: Testing connection as a dedicated line
1d01h: Se0/0/0 PPP: Phase is AUTHENTICATING, by both
1d01h: Se0/0/0 CHAP: O CHALLENGE id 2 len 28 from "Router"
1d01h: Se0/0/0 CHAP: I RESPONSE id 2 len 28 from "LAB_A"
1d01h: Se0/0/0 CHAP: O SUCCESS id 2 len 4
1d01h: %LINEPROTO-5-UPDOWN: Line protocol on Interface
Serial0/0/0,change state to up

LAB_A#debug ppp packet
```

Multilink PPP

Multilink PPP provee un método para distribuir el tráfico a través de múltiples conexiones PPP paralelas.

- Está descrito en el RFC 1990.
- Combina múltiples enlaces físicos en un conjunto lógico que recibe el nombre de "Multilink PPP".
- Aplicado sobre interfaces seriales provee algunas prestaciones:
    - Balanceo de carga sobre múltiples enlaces seriales.
      Idealmente los enlaces que componen el multilink debieran ser del mismo ancho de banda. Sin embargo, también es posible mezclar enlaces de diferente ancho de banda.
    - Permite interoperabilidad entre múltiples fabricantes.
    - Mejora de la redundancia.
      Ante la caída de un enlace individual el tráfico se mantiene sobre los enlaces remanentes sin afectar la conexión.
    - Posibilidad de fragmentación e intercalado (LFI).
      Este mecanismo intercala el envío de paquetes de aplicaciones de tiempo real con paquetes de aplicaciones que no operan en tiempo real para reducir el delay al que se someten los paquetes de aplicaciones de tiempo real.
- Opera tanto sobre enlaces sincrónicos como asincrónicos, utilizando enlaces seriales con encapsulación PPP.

- El conjunto lógico MLP se presenta como una única interfaz virtual que conecta con el dispositivo remoto.
  Esto proporciona un único punto para aplicar las políticas de calidad de servicio.

- Todas las estadísticas de tráfico se registran sobre la interfaz virtual.

- Se pueden asociar hasta 10 enlaces seriales y hasta 8 enlaces PPPoE en un único multilink.

Configuración de un enlace multilink

1. Creación de la interfaz virtual

```
Router(config)#interface Multilink 1
```

Crea la interfaz virtual multilink y le asigna un identificador (en este ejemplo es "1"). Al mismo tiempo ingresa al submodo de configuración de la interfaz.

```
Router(config-if)#ip address 192.168.100.1 255.255.255.252
```

Se asigna una dirección IP a la interfaz virtual. La configuración de capa 3 se hace en la interfaz virtual, no en las interfaces físicas que luego se asociarán.

```
Router(config-if)#ppp multilink
```

Activa multilink PPP en la interfaz virtual.

```
Router(config-if)#ppp multilink group 1
```

Genera un ID de grupo para identificar cuáles son los enlaces físicos que estarán asociados a la interfaz virtual que se acaba de crear.

```
Router(config-if)#exit
```

2. Asociación de interfaces a la interfaz virtual

```
Router(config)#interface serial0/0
Router(config-if)#no ip address
```

Remueve una posible configuración IP en la interfaz.

```
Router(config-if)#encapsulation ppp
```

Activa el protocol PPP en la interfaz.

```
Router(config-if)#ppp multilink
```

Activa multilink PPP en la interfaz.

```
Router(config-if)#ppp multilink group 1
```

Define el conjunto de interfaces multilink al que ha de asociarse la interfaz. Se utiliza el ID de grupo para asociar la interfaz física con el grupo multilink y la interfaz virtual.

```
Router(config-if)#exit
Router(config)#interface serial0/1
Router(config-if)#no ip address
Router(config-if)#encapsulation ppp
Router(config-if)#ppp multilink
```

```
Router(config-if)#ppp multilink group 1
Router(config-if)#exit
Router(config)#
```

Verificación de la operación de multilink

`Router#show ppp multilink`

Permite verificar qué interfaces físicas están vinculadas a cuál interfaz virtual, y desde qué momento. También muestra si hay interfaces multilink inactivas.

`Router#show interfaces Multilink 1`

Muestra el estado de la interfaz virtual que se indica, su operación, y las estadísticas de tráfico.

La interfaz permanecerá activa (up/up) mientras al menos uno de los enlaces físicos se encuentre en ese estado.

PPPoE

PPPoE permite emular un enlace punto a punto sobre una red de medio compartido que típicamente es una red de banda ancha.

El escenario más frecuente supone correr un cliente PPPoE en el cliente que se conecta a un servidor PPPoE del lado del proveedor, del cual obtiene su configuración.

El cliente PPPoE

Cisco IOS incluye un cliente PPPoE que permite entonces implementar esta solución del lado del cliente.

Es una implementación habitual en redes DSL los ISPs de servicios DSL suelen entregar un módem DSL que utiliza ATM para conectarse con el DSLAM.

- El módem DSL actúa como un bridge y la terminal como cliente PPPoE.
- La integración de un router IOS permite que el router opere como cliente PPPoE hacia la red del ISP para luego distribuir conectividad internamente en la LAN.
- En una implementación típica el router no sólo actúa como cliente PPPoE sino también como caja NAT y servidor DHCP.
- El cliente PPPoE es el que inicia la conexión y en caso de que se interrumpa intentará el restablecimiento de la misma.

El establecimiento de la sesión PPPoE requiere completar un procedimiento de 4 pasos.

- El cliente envía un paquete PADI en formato broadcast.

- El servidor al recibir un PADI responde enviando un PADO al cliente.

- El cliente puede recibir varios PADOs. El cliente revisa los varios paquetes recibidos y elije uno de ellos. La elección puede hacerse en base al nombre del concentrador PPPoE o el servicio que ofrece.
  Como respuesta el cliente envía un paquete PADR al servidor de su elección.

- El servidor o concentrador responde enviando un paquete PADS creando una interfaz virtual para luego negociar PPP, y la sesión PPPoE corre en esta interfaz virtual.

Si el cliente PPPoE no recibe respuesta de un servidor, entonces continuará enviando paquetes PADI en intervalos de tiempo crecientes hasta alcanzar el límite definido y detenerse.

Si la negociación de PPP fracasa, la sesión PPPoE y la interfaz virtual quedan en estado “down”.

Configuración

En primer lugar es necesario crear una interfaz de discado (dialer interface).

```
Router(config)#interface Dialer1
```

Crea una interfaz virtual de discado (dialer), le asigna un ID (en este caso “1”) e ingresa al modo de configuración de esta interfaz.

Esta interfaz será la que utilizará la sesión PPPoE.

```
Router(config-if)#ip address negotiated
```

Indica que la dirección IP será asignada por el servidor como resultado de la negociación de PPP IPCP.

```
Router(config-if)#encapsulation ppp
```

Asigna encapsulación PPP para la interfaz.

```
Router(config-if)#dialer pool 1
```

Especifica un dialing pool para que la interfaz lo utilice para conectarse a una subred de destino específica.

Una vez creada la interfaz virtual hay que asociar esa interfaz creada a la interfaz física que se utilizará para la conexión.

```
Router(config-if)#exit
Router(config)#interface GigabitEthernet0/1
Router(config-if)#no ip address
```

La interfaz física no debe contar con direccionamiento propio. La interfaz activa a nivel de capa 3 es la interfaz virtual asociada.

```
Router(config-if)#pppoe-client dial-pool-number 1
```

Vincula la interfaz física que se creó antes (cuyo ID es “1”) con la interfaz física.

```
Router(config-if)#exit
Router(config)#
```

Verificación de la operación de PPPoE

`Router#show ip interface brief`

Permite verificar el estado y la dirección IP asignada a la interfaz virtual que se crea.

La interfaz física se debe ver activa pero sin dirección IP asignada.

`Router#show pppoe session`

Muestra las sesiones PPPoE y el puerto físico que utilizan.

Túneles GRE

GRE es un protocolo de tunelizado que permite crear una ruta para transportar paquetes sobre una red pública encapsulando los paquetes en un protocolo de transporte.

- Se identifica con el ID 47 del campo protocolo del encabezado IP.
- Está definido en los RFCs 1701, 1702 y 2784.
- Soporta múltiples protocolos de capa 3 (IP, IPX, etc.).
- Permite el uso de multicast y broadcast sobre el túnel.
- Agrega un encabezado IP de 20 bytes y un encabezado GRE de 4 bytes (24 bytes en total agregados).

Dado que el túnel agrega 24 bits al paquete original es preciso ajustar el MTU de las interfaces que atraviesa el túnel GRE.

Encabezado IP Transporte	GRE	Paquete Transportado

- El encabezado GRE incluye un campo protocolo para soportar el transporte de cualquier protocolo de capa 3.
- Puede incorporar un checksum del túnel, una llave y un número de secuencia.
- No encripta tráfico ni aplica otras medidas de seguridad robustas.
- GRE sobre IPsec es una implementación típica para redes hub and spoke para minimizar la cantidad de túneles que debe mantener cada router.
- No incluye ningún mecanismo de control de flujo.

La implementación de GRE requiere la creación de una interfaz de túnel, en la cual se aplican múltiples encabezados:

- El encabezado propio del "protocolo pasajero", es decir, el contenido transportado por el túnel. Por ejemplo IPv4 e IPv6.
- Un encabezado del protocolo de transporte: GRE.
- Un protocolo para la entrega del transporte, en este caso IPv4, que es el que transporta el protocolo de transporte.

Configuración de un túnel GRE

```
RouterA(config)#interface tunnel 1
```

Crea la interfaz de túnel, le asigna un ID (en este caso 1) e ingresa al modo de configuración de la interfaz túnel.

```
RouterA(config-if)#tunnel mode gre ip
```

Define que se trata de un túnel GRE. Es el modo por defecto de las interfaces túnel.

```
RouterA(config-if)#ip address 192.168.100.49 255.255.255.252
```

Asigna una dirección IP para la interfaz de túnel.

```
RouterA(config-if)#tunnel source 10.1.1.10
```

Establece la IP de origen del túnel. Es la dirección IP origen del encabezado externo o encabezado para la entrega. Es la dirección IP de la interfaz física a través de la cual ha de salir el túnel.

```
RouterA(config-if)#tunnel destination 172.16.100.1
```

Define la dirección IP en la cual finaliza el túnel. Es la dirección IP de destino del encabezado para la entrega. Es la dirección IP de la interfaz física en la cual se ha de recibir el túnel.

```
RouterB(config)#interface tunnel 1
RouterB(config-if)#tunnel mode gre ip
RouterB(config-if)#ip address 192.168.100.50 255.255.255.252
RouterB(config-if)#tunnel source 172.16.100.1
RouterB(config-if)#tunnel destination 10.1.1.10
```

Verificación de la operación del túnel GRE

```
Router#show ip interface brief tunnel 1
```

Verifica el estado de la interfaz túnel.

```
Router#show interface tunnel 1
```

Permite verificar el estado del túnel GRE, la dirección IP asignada, las direcciones IP origen y destino definidas y el protocolo de transporte.

```
Router#show ip route
```

Permite verificar que la red del túnel aparezca como directamente conectada al dispositivo, y que se dispone de una ruta apta para alcanzar la IP de destino del túnel.

iWAN

El desarrollo de las redes actuales, entre otros elementos, está generando una mayor demanda de ancho de banda en las redes remotas. Paralelamente el acceso a Internet se ha hecho cada vez más confiable y económico. iWAN brinda una manera de tomar ventaja de estas conexiones más económicas sin comprometer la performance, disponibilidad y seguridad de las aplicaciones.

iWAN hace que el tráfico sea enrutado a través de conexiones WAN en base a múltiples factores: la aplicación, SLAs, tipo de terminales y condiciones de la red. El objetivo es asegurar la mejor experiencia posible.

Los componentes de la solución son:

- Transporte independiente de la conectividad.
  Se genera una red DMVPN a través de todos los sistemas de conectividad disponibles. De esta manera se tiene una única red con un único dominio de enrutamiento.
  Esto da gran flexibilidad al uso de cualquier medio de conexión disponible y permite converger la red sin modificar la arquitectura subyacente.

- Control de ruta inteligente.
  Utilizando PfR (Performance Routing) mejora la entrega y eficiencia de las aplicaciones. Dinámicamente controla las decisiones de reenvío de los paquetes considerando tipo de aplicación, performance, políticas y estado de las rutas.

- Optimización de aplicaciones.
  AVC y WAAS brindan visibilidad y ayudan a optimizar la performance de las aplicaciones sobre los enlaces WAN.

- Conectividad muy segura.
  Toma ventaja de todas las prestaciones que pueden aportar las VPNs, los firewalls, la segmentación de la red y otros features de seguridad.

Índice

www.ingramcontent.com/pod-product-compliance
Lightning Source LLC
LaVergne TN
LVHW060139070326
832902LV00018B/2854